Johann Eduard Erdmann

Natur oder Schöpfung?

Verlag
der
Wissenschaften

Johann Eduard Erdmann

Natur oder Schöpfung?

ISBN/EAN: 9783957008046

Auflage: 1

Erscheinungsjahr: 2016

Erscheinungsort: Norderstedt, Deutschland

Hergestellt in Europa, USA, Kanada, Australien, Japan
Verlag der Wissenschaften in Hansebooks GmbH, Norderstedt

Cover: Sandro Botticelli "Die Geburt der Venus"

Natur oder Schöpfung?

Eine Frage

an die

Naturphilosophie und Religionsphilosophie.

Von

Dr. Johann Eduard Erdmann,

ordentlichem Professor der Philosophie zu Halle.

LEIPZIG,

bei Friedrich Christian Wilhelm Vogel.

1840.

Herrn Professor

Henrich Steffens

in Berlin

ehrfurchtsvoll zugeeignet

von dem Verfasser.

Wenn ich Ihnen, mein verehrter Freund, diese Blätter zueigne, so geschieht es nicht, weil ich erwarte, dass Sie mit Allem, was dieselben enthalten, einverstanden seyn werden: Vieles, vielleicht das Meiste, werden Sie nicht billigen. Dies aber schreckt mich nicht, denn in einer Sache weiss ich uns einverstanden, darin, dass wir Beide lieber eine befreundete Stimme hören, welche antwortet, als in Echo's äffenden Lauten nur uns selber vernehmen. Ihnen eine Arbeit von mir zu widmen, und damit öffentlich den Dank auszusprechen für die Liebe, mit der Sie vor sieben Jahren die Fremdlinge aufnahmen, mit der Ihr Haus sich den Eingewanderten, als wären sie ihm angehörig, öffnete, ist mir seit Jahren ein lieber Wunsch gewesen. Dass ich aber

gerade dieses Werkchen Ihnen zueigne, dazu
bewegt mich der Gegenstand desselben. Wo
es sich um Fragen handelt, bei denen die na-
turwissenschaftliche und religiöse Betrachtung
sich berühren, da drängt sich Jedem, um wie
viel mehr also mir, Ihr Bild vor. Je mehr ich
unter der Arbeit an Sie gedacht habe, um so
mehr scheint es mir passend, dies Büchelchen
Ihnen darzubringen. Tadeln Sie es immerhin,
aber nehmen Sie es freundlich auf und behal-
ten mich lieb.

Halle, am 10. Juli 1840.

Vorwort.

Die Zeit, in welcher es den Anschein hatte, als halte man jedes positive Wissen für einen Ballast, der das Schiff der Speculation im schnellen Segeln nur hindere, scheint zu Ende zu gehn. Immer mehr drängt sich die Ueberzeugung auf, dass, wenn auch nicht die Philosophie einer sogenannten positiven Basis bedarf, doch den Philosophen vor der Gefahr, den Boden zu verlieren und in nebulose Hirngespinnste zu gerathen, Nichts so sichert, wie gründliche Kenntnisse.

Von den Zweigen aber des positiven Wissens scheinen es mir heutiges Tages vornehmlich zwei zu seyn, auf welche sich, wer Philosophie zu seinem Lebensberufe macht, mit Eifer zu legen hat: es sind die theologischen und (vielleicht noch mehr) die naturwissenschaftlichen Studien. Nicht nur, weil in diesen Gebieten der Philosophie am Meisten zu thun übrig gelassen, halte ich dies für nothwendig, sondern weil beide, eben ihres ganz heterogenen Characters wegen, sich ergänzen und gerade so zusammengehören, wie auf der Schule Sprachen und Mathematik.

Indem der Verfasser, durch Neigung eben so sehr wie durch seinen Beruf bestimmt, in früheren Jahren vorzugsweise theologischen, in den letzten fast ausschliesslich naturwissenschaftlichen Studien oblag, mussten Fragen über die Grenzen sowol, als das Eigenthümliche des naturphilosophischen und religionsphilosophischen Gebietes nothwendig bei ihm entstehen. Das Resultat seines Nachdenkens über diesen Gegenstand war nicht, dass, um eine feindselige Stellung der naturwissenschaftlichen Betrachtung gegen die religiöse zu vermeiden, die eine oder die andere von der

Strenge ihrer Anforderungen nachlassen, und die Hand zur Versöhnung reichen müsse. Vielmehr sah er, dass ein übereilter Friede am meisten zu fürchten sey; er überzeugte sich, dass oft gerade die, welche etwa darüber klagen, dass die Theologie naturalistisch werde, dieses verschuldet haben, indem sie verlangten, die Naturwissenschaften sollten theologisch werden, da die eine Erscheinung das nothwendige Correlat der anderen ist. Aus dem Bestreben, dazu beizutragen, dass beide Gebiete sich zuerst gehörig auseinander setzten, ging der Plan zu der vorliegenden Arbeit hervor.

Indem dieselbe sich vorgesetzt hat, zu erörtern, wie das Universum von dem Standpunkte der Naturwissenschaft und wie von dem der Religion angesehen werden müsse, hat sie dies nur thun können, indem sie auf die doppelte Bedeutung hinwies, welche die Betrachtung der Welt für verschiedene Theile der Philosophie, für die Naturphilosophie und Religionsphilosophie, hat. Dass dabei die Untersuchung sich nicht sowol in dem Gebiete der ersteren hält, als vielmehr religionsphilosophischer Art ist, liegt in der Natur der Sache. Die Naturphilosophie hat die Religionsphilosophie noch vor sich, sie weiss also von dieser eben so wenig, als von einem Verhältniss zu ihr, sie kann also auch keine Reflexionen über dies Verhältniss anstellen. Anders verhält sich's mit der Religionsphilosophie; sie hat die Naturphilosophie hinter sich als ihre Voraussetzung, ihr ist es daher möglich auf sie zurückzublicken, und von ihrem Standpunkte aus jene zu beurtheilen.

Meine Arbeit nennt sich eine Frage. Zu ihrer Beantwortung einen Beitrag gegeben zu haben, auf mehr macht sie nicht Anspruch.

Erdmann.

Nicht nur im praktischen Gebiete gilt es, dass aus
den Früchten der Baum erkannt werde. Der Grund
wird aus dem Begründeten gefunden, das Gesetz aus
dem Phänomen: *loquere ut te videam.* Dies aber
schliesst den umgekehrten Weg nicht aus, vielmehr
bewegt sich in diesem Cirkel unser Denken, dass von
dem Grunde auf das Begründete, von diesem auf jenen
geschlossen wird. Dieser Cirkel wäre zu fliehen, wenn
seine Folge wirklich seyn sollte, dass nach vollen-
detem Wege man am Ende wieder beim Anfange,
und also so weit wäre, wie vor dem Anfange. Dies
Also aber ist mehr als sonderbar, es ist falsch. Denn
indem man wieder, oder am Ende, beim Anfange
steht, hat man in der That an dem Anfange itzt
etwas ganz Anderes als früher. Von dem blossen
Anfang war man aus - und also fort - gegangen, kommt

1

man nun fort- und nicht rückwärts-schreitend, wieder zu ihm, so hat man an ihm etwas Neues, keinen blossen Anfang mehr. Dies war das Begründete nur noch ehe wir es als Begründetes erkannten, itzt aber haben wir jenes verlassen und sind zu Einem gekommen, das als begründet erkannt wird, also zu einem Neuen. Hier ist das Also richtig angewandt. So wird trotz des Cirkels, ja eben nur durch ihn, das vollständige Resultat gewonnen.

In eben solchen Cirkel geräth das Denken, wo es den Schöpfungsbegriff erörtern will. Zwei Wege bieten sich dar: den Schöpfer aus der Schöpfung, oder aber sie aus ihm zu begreifen. Mit Recht wird das Denken zuerst ermahnt, auszugehn von dem Geschaffenen, und durch die Werke ($\pi o\iota\acute{\eta}\mu\alpha\sigma\iota$) sich zu der Erkenntniss der $\acute{\alpha}\acute{o}\rho\alpha\tau\alpha$ des Schöpfers zu erheben, seiner $\delta\acute{v}\nu\alpha\mu\iota\varsigma$ $\varkappa\alpha\grave{\iota}$ $\vartheta\epsilon\iota\acute{o}\tau\eta\varsigma$, die auf diesem Wege im Gedanken erfasst werden können ($\nuoo\acute{v}\mu\epsilon\nu\alpha$ $\varkappa\alpha\vartheta o\rho\tilde{\alpha}\tau\alpha\iota$). Dort aber angelangt wird es nicht ruhen können, sondern itzt wird die Frage ihm aufgehn, was denn die $\varkappa\tau\acute{\iota}\sigma\iota\varsigma$ ist, von der es ausgegangen ist; itzt erst wird es sich dieselbe beantworten, da es erst von dem gewonnenen Punkte aus sie als Schöpfung anerkennen und als solche zu erkennen suchen kann. Keines ist ohne das Andere möglich, weder kann der Schöpfer als Schöpfer erkannt werden ohne das Geschöpf, noch dieses als Geschöpf ohne jenen. (Die Unerkennbarkeit Gottes hat deswegen zu ihrem nothwendigen Correlat die Unerkennbarkeit der Welt). Welches im bestimmten Falle der Ausgangspunkt für das Denken seyn wird, das bestimmt sich durch die

Aufgabe die gestellt ist. Der Zweck ist immer das Resultat und also das Letzte. Ist er, die Schöpfung als Schöpfung zu erkennen, so wird begonnen werden müssen von dem Schöpfer; aus seinem Wesen wird sie abgeleitet, in ihm der Grund — sollte es keinen geben, die Grundlosigkeit — derselben aufgefunden werden müssen. Da dies nun unsere Aufgabe ist, so werden wir beginnen müssen mit dem Begriffe der Gottheit, und nachdem dieser aufgestellt ist, zuzusehń haben, ob aus ihm sich der Schöpfungsbegriff ableiten lässt, und wie? —

Diese Aufgabe aber weist uns wiederum weiter zurück. Dem Ausspruch des Aristoteles gemäss: τὸ τί ἐστιν εἰδέναι ταὐτό ἐστι καὶ διὰ τί ἐστιν, werden wir den Begriff der Gottheit auch nicht anders fixiren können, als dadurch, dass wir ihn ableiten und entwickeln. Ohne Ableitung hinstellen wird man den wahren Begriff der Gottheit nicht dürfen, denn da wird man ihn nicht eigentlich wissen, geschweige denn begreifen. Der wahre Begriff der Gottheit wird also entwickelt werden müssen; von woher? Ist der zu entwickelnde Begriff der Gottheit der wahre, so wird also ausgegangen werden müssen von dem unwahren, und zwar nicht von dem unwahren überhaupt, sondern von dem unwahren Gottesbegriff, aus welchem der wahre sich entwickeln lässt, indem er aus ihm resultirt, d. h. von dem unvollendeten oder unvollständigen Begriff der Gottheit. Damit weist die Aufgabe, den Gottesbegriff (als Begriff, also begriffen) darzustellen, auf die Aufgabe hin, welche überhaupt die der Religionsphilosophie ist, nämlich den Begriff der Gottheit von seiner unwahrsten, d. h. abstractesten, Gestalt an, bis zu seiner höchsten Erscheinung zu verfolgen und seiner nothwendigen Entwicklung nachzugehn. Soll nun, wie hier, nicht die ganze Religionsphilosophie dargestellt, sondern nur ein einzelnes Problem derselben der Untersuchung unterworfen werden, so wird, da man jene Entwicklung weder ganz ignoriren, noch auch ganz geben kann, mitten in dieselbe hineinzutreten seyn, und von dem Eintrittspunkte aus bis zum höchsten Entwicklungspunkte dem Gottesbegriffe nachgegangen werden müssen. Wo dieser Eintrittspunkt seyn wird, scheint dem Belieben anheimgestellt. Doch wird die Zweckmässigkeit hier Grenzen setzen: weder eine zu frühe Entwicklungsstufe des Gottesbegriffes wird man zum Anfangspunkt nehmen müssen, damit nicht Manches erörtert werden muss, was für die bestimmte Aufgabe (die richtige Fassung des Schöpfungsbegriffes) ohne Bedeutung ist, noch auch wird man mit einem solchen Gottesbegriff beginnen dürfen, der dem vollendeten, wahren, z u n a h e steht, damit nicht zu Vieles als vorausgesetzt erscheint, wofür der Beweis gerade gesucht ward. Es scheint, als würde Beides am besten vermieden, wenn, je weniger der Gottesbegriff sich noch entwickelt hat, um so weniger er ausführlich erörtert, vielmehr nur seine Stelle angezeigt wird, dagegen aber bei den höhern Entwicklungsstufen eine genauere Betrachtung sich auf die einzelnen Fäden richtet, die bereits den Grund zu dem Gewebe abgeben, um das es eigentlich zu thun ist. Diesen Gesichtspunkt suchen wir festzuhalten, indem wir übergehn zur

1.

Deduction des wahren Gottesbegriffes.

Am weitesten von seiner Vollendung und Wahrheit entfernt ist der Gottesbegriff, wo er so gefasst
wird, wie er sich in den Naturreligionen gestaltet. Unter diesen sollen hier alle diejenigen Religionen verstanden werden, welche bereits das Göttliche
als ein von dem Menschen unabhängiges Objectives
wissen, wo deshalb wirkliche religiöse Vorstellungen
und Lehren sich finden, wo aber natürliche Mächte
den eigentlichen Inhalt des Gottesbegriffs ausmachen,
sey es auch, denen, die auf diesem Standpunkt stehen,
unbewusst. Zwar kann die Religionsphilosophie zeigen, dass auch in ihnen bereits der Keim des wahren
Gottesbegriffes sich findet, und kann nachweisen, wie
in nothwendigem Fortschritt auch sie sich der höchsten Entwicklung annähern. Sie muss zeigen, wie
die Naturreligion nicht dabei stehen bleibt, die allgemeinen Naturpotenzen oder auch die allgemeine
Natursubstanz als das Höchste, d. h. die Gottheit, zu
wissen, sondern sich erheben muss zu dem höhern
Begriffe des Naturgesetzes, wie dieses im Fatalismus
des Sterndienstes geschieht. Sie muss ferner zeigen,
wie auch in dieser Sphäre des Mechanismus das religiöse Bewusstseyn sich nicht befriedigen kann, sondern in dem physikalischen Gegensatze des Lichts
und der dunklen Materie die Erscheinung des Absoluten anschaut. Sie muss dann endlich zeigen, wie
die höchste Entwicklung der Naturreligion uns dort
entgegentritt, wo das Bewusstseyn in dem Leben der

Natur, und endlich gar in dem natürlichen Resultate desselben, dem Tode, das Absolute schaut, und also das Höchste, wozu es die Natur bringt, vergöttert, wie dies in dem Osiris- und Adonisdienste geschieht. Wird nun gleich durch eine solche Entwicklung gezeigt, dass darin das religiöse Bewusstseyn wirklich fortgeschritten ist, so wird sie doch aber auch zeigen, dass es die Mangelhaftigkeit und der Widerspruch auch dieses Standpunkts ist, welcher das Bewusstseyn zwingt, den Gottesbegriff würdiger zu fassen. Der natürliche Lebensprocess nämlich, welcher dort als das Absolute gefasst war, hat zu seinem Ende allerdings den Tod, zugleich weist er aber auch über sich hinaus auf einen Process, der nicht, wie er, stets eines neuen Reizes bedarf (— stets von Neuem erwacht Osiris und stirbt durch Typhon im endlosen Progress —), sondern sich selber anfachender Process ist. Dieser Process kommt innerhalb der Natur nicht vor, und das religiöse Bewusstseyn tritt deswegen aus der Sphäre der Natur heraus in die Sphäre des Geistes, der eben dieser Process ist.

In den geistigen Religionen wird im Gegensatz gegen die verschiednen Formen der Naturreligion das Geistige als das Absolute und Göttliche gewusst. Aber eben wie die Naturreligion sich allmählig entwickelt, indem der Gottesbegriff hier die wesentlichen Stufen der Natur durchläuft, so fehlt auch eine Entwicklungsreihe in den geistigen Religionen nicht. Aus der Unwahrheit der Naturreligion ergiebt sich der Begriff der geistigen Religion, die sich damit als die Wahrheit jener erweist. Als ihre Wahrheit ist sie die Negation und Aufhebung derselben, indem sie eben, worin deren Unwahrheit bestand, aufhebt. Zugleich aber wird sie als erst anfangende geistige Religion den Gottesbegriff so fassen, dass seinen Inhalt der Geist in seinem Anfange, d. h. seiner Unmittelbarkeit bildet. Dies Beides wird also hier. das Wesentliche seyn, dass das Absolute hier gefasst wird als aufgehobne Natürlichkeit, und zugleich bestimmt ist als der Geist in seiner Unmittelbarkeit. Erscheint nun aber der Geist in seiner Unmittelbarkeit als eine Vielheit geistiger Individuen, so wird auch zuerst die geistige Religion die Gottheit als eine Vielheit von Götter-Individuen zu fassen haben, die nicht mehr blosse Naturmächte sind, sondern geistige Wesen, dennoch aber als die Aufhebung des Natürlichen dieses zu ihrem (zu negirenden) Ausgangspunkte haben. In der griechischen Religion, welche die unterste Gestalt der geistigen Religionen ist, treten uns Götter-Individuen entgegen, welche (freilich nicht mit Absicht und Bewusstseyn) diejenigen geistigen, sittlichen Mächte sind, die das Individuum beherrschen, die $\pi\acute{\alpha}\vartheta\eta$, aus denen der Mensch seine Götter gemacht hat. Diese werden uns dargestellt als nicht blosse abstracte Allegorien, sondern concrete Individualitäten, und zugleich als aus der Natürlichkeit hervorgehend, damit aber auch dieselbe als Basis und negirte Grundlage unter sich habend. In Form der Geschichte tritt uns in der griechischen Mythologie der Gedanke entgegen, dass das Natürliche nur Ausgangspunkt ist. Aus den natürlichen Mächten (Chaos, Uranos, Kronos) sind die sittlichen, geistigen, (Zeus

u. s. w.) hervorgegangen, und haben jene vom Thron geworfen, die itzt **d i e n e n**, **a u f g e h o b n e** Momente sind. Der Kampf der neuen mit den alten Göttern, d. h. das Werden des Geistigen **a u s** dem Natürlichen, und damit seine Erhebung **ü b e r** dieses, ist hier der Inhalt der religiösen Vorstellung. Dieses **A u s** gehen vom Natürlichen zeigt sich dann auch fortwährend da, wo sich die Gottheit den Menschen offenbart. Der Ausgangspunkt ist ein natürlicher sinnloser Ton (der Becken, der wahnsinnigen Pythia) und daran knüpft sich das Geistige, die **A u s l e g u n g**. Ein Schöpfungsbegriff kann natürlich hier nicht vorkommen, denn die *κτίσις* (im christlichen Sinne) ist hier ja gerade das Ursprüngliche. Deswegen war zuerst Chaos, nach diesem **w a r d** Gaia und Tartarus und Eros; Gaia **g e b i e r t** dann nachher den Uranos und dieser **z e u g t** die Titanen u. s. f. Wir sehen daher hier den Begriff der *κτίσις* vor dem der *φύσις*, der *creatura* (von *creari*) vor dem der *natura* (*nasci*) nicht nur zurücktreten, sondern ganz verschwinden. Die Götter gehen hervor aus dem, was war oder ward, und, gleichsam die Schaale, aus welcher der Schmetterling hervorging, bleibt, woraus sie hervorgingen, als Niederes gegen sie, aber doch nicht als ihr Geschöpf, ihnen gegenüber.

Die eignen *πάθη*, damit sich selbst, schaut der Grieche in seinen Göttern, und in dieser eigentlichen Selbstvergötterung liegt der **h e i t e r e** Character dieser Religion. Es braucht hier der Einzelne auf sich und seine Ichheit nicht zu verzichten, sondern lässt sich unbefangen gehen, weil er sich, diesen Einzelnen, als etwas Berechtigtes weiss, während auf einem höhern Standpunkt die Ichheit als das gewusst wird, auf welches resignirt werden soll, und daher das Gefühl der Versöhnung, die Seligkeit, nicht h e i t e r ist, sondern das Moment des überwundnen Schmerzes mit enthält. Damit aber, dass hier der Mensch in seiner blossen Einzelheit, sofern er eben geistiges Individuum ist, sich als berechtigt weiss, tritt auch die entgegenstehende Seite eben so nothwendig hervor. Wo das Ich selbst auf sich verzichtet (stirbt, um wieder geboren zu werden), da hat es die Negation seiner blossen Einzelheit i n s i c h s e l b s t. Hier dagegen tritt ihm itzt diese Negation seiner als ein Fremdes, Aeusserliches gegenüber, und diese Negation seiner erscheint als a u c h berechtigt. Damit tritt hier der Widerspruch hervor, dass das Individuum, weil es geistiges ist, sich als berechtigt weiss, trotz dieser Berechtigung aber die Erfahrung macht, dass auch das Negative seiner Einzelheit eine Berechtigung hat. Es hat sie, weil das Einzelwesen sich abstract a l s Einzelwesen fest hält. Diese, a u c h berechtigte, Macht, was wird sie seyn? — Als das Negative der E i n z e l w e s e n ist sie das A l l g e m e i n e, als das Negative g e i s t i g e r Einzelwesen ist sie N a t ü r l i c h e s. Diese, dem Einzelwesen gegenüberstehende Macht, von deren Berechtigung es, so sehr es sich kraft seiner Geistigkeit als das Höhere weiss, stets die Erfahrung macht, ist das S c h i c k s a l, der Alles nivellirende Neid, die Nemesis. Eine Tochter der Nacht, ist sie ein N a t u r princip, dem das geistige Individuum um so sicherer unterliegt, je mehr es sich auszeichnet.

So steigert sich daher jener Widerspruch bis zum Entsetzlichen. Das grösste Individuum muss, eben weil es das grösste ist, früh unterliegen, und weint; mit Recht, weil es sich als etwas Bessres weiss, als die mächtigere Naturmacht. In der Naturreligion kam natürlicher Weise ein solcher Zwiespalt nicht vor, da weinte das Individuum nicht, denn es wusste sich noch nicht als über alle Naturmächte erhaben. Dagegen ist hier nur der, vergebliche, Wunsch übrig, ihnen nicht zu unterliegen. Was der Mensch ist, spricht er als seine Unsterblichkeit aus. Hier erkennt er als seine allendliche Bestimmung: ein Schatten zu seyn, der sich nach dem belebenden Blute nur sehnt, der in diesem vergeblichen Sehnen nach wirklicher Existenz den ruhmlosen Ackersknecht beneidet um das Leben. Neben jener Heiterkeit darum dieses Grauen. Je mehr die Individualität hervortritt, um so feindseliger ist ihm das ausgleichende Schicksal gesinnt; diesem möglichst lange zu entgehn, bleibt kein andres Mittel, als entweder, ein ruhmloser Ackersknecht, sich nicht zu vermessen, sondern zu resigniren, wie der Chor in der Tragödie, der die Heroën zu Grunde gehn sieht, und Allen Recht gibt, oder aber sich selber zum Werkzeug der Nemesis zu machen, indem man freiwillig verzichtet. Je mehr jenes Erstere geschieht, um so weniger wird auch jener angegebne Widerspruch empfunden werden. Nur Achill weint, wenn er seines Todes gedenkt, die Andern ergeben sich darein, weil es einmal so ist. Kommt aber jener Widerspruch zum Bewusstseyn, so ist es erklärlich, dass das religiöse Bewusstseyn, noch nicht fähig einen höhern Standpunkt einzunehmen, auf dem er überwunden ist, auf einen frühern zurückgeht, auf dem er noch nicht empfunden werden konnte. Auf dem Standpunkt der Naturreligion fand er noch nicht Statt, und so sehn wir in den Mysterien, die diesem Standpunkt sich wieder annähern, in denen der Geist sich das Gefühl der Versöhnung geben will, Elemente hervortreten, die so sehr ägyptischen Geist athmen, dass Viele versucht waren, auch ägyptischen Ursprung aufzusuchen oder zu fingiren. — Auf dem Standpunkt der griechischen Religion sehn wir also den Widerspruch, dass das Individuum als geistiges vernünftiger Weise das Schicksal überwinden will, als Einzelnes aber nicht kann, weil dieses die allgemeine und also gegen die Einzelwesen berechtigte Macht ist. Auf der andern Seite aber ist wieder das Schicksal, so sehr es als allgemeine Macht den Individuen überlegen ist, als natürliche weniger berechtigt als diese. Also kann es eben so wenig der Individuen Herr werden, wie diese sich ihm entziehn. Bleibt dies bei den Individuen ein blosses Wollen und Wünschen, so beim Schicksal auch ein blosses Sollen. Der rastlose Neid hat keine Ruhe, immer mehren sich die Individuen, immer erscheinen neue statt der alten, und dies Thun der neidischen Gottheit läuft in den endlosen Progress aus, weil sie nicht kann, was sie will und ihrem Begriff nach soll. Dieser Widerspruch des doppelten endlosen Sollens löst sich nur damit auf, dass die allgemeine Macht, welche den Individuen gegenübersteht, ihrer wirklich Herr wird, indem es ihnen nicht mehr die Berechtigung lässt, sich zu sträuben. Dies aber kann nur dadurch geschehen, dass diese allgemeine Macht selbst das in sich aufnimmt, was jenen die Berechtigung gibt, das heisst die Geistigkeit. Wenn die allgemeine Macht gefasst wird als geistige, so ist sie das Negative der Einzelwesen, nicht sofern sie geistige, sondern nur sofern sie Einzelwesen sind, daher wird sie dann die Macht haben, dass sich das Individuum ihr nicht entziehen kann. Aber nicht nur dies, sondern auch vernünftiger Weise nicht darf, weil dieses Schicksal nicht wie dort tiefer steht als die Individuen, sondern höher. Was sie sind, ist es auch, Geistiges, und ausserdem was sie nicht sind, Allgemeines. Die Wahrheit darum der Religion, in welcher der individuelle Geist als das Absolute gewusst wird, und auf welche diese letztere durch den Widerspruch in ihr hinweist, wird die Religion seyn, in welcher das Absolute die Bestimmung hat, allgemeiner Geist zu seyn.

Dieser höhere Begriff, der sich so ergeben hat, ist selbst nun näher zu betrachten, und daraus die Folgerungen zu ziehn: Wie Alles bei seinem ersten Auftreten das Abstracte ist, so ist auch der Begriff des allgemeinen Geistes zunächst der des abstract allgemeinen, d. h. des nur allgemeinen. Als nur allgemeiner schliesst er also das Moment der Besonderheit von sich aus, enthält es nicht in sich. Damit aber ist es eben auch nicht überwunden, sondern steht ihm gegenüber, denn der allgemeine Geist ist als nur allgemeiner nur als Negation der Besonderheit, setzt also diese voraus. Also stellt sie sich nothwendig neben ihm ein, nicht als von ihm gesetzt, sondern als unmittelbare, ihm gegenübertretende. Die Besonderheit als unmittelbare, und als die nicht vom Geiste gesetzt, ist die natürliche, und daher muss der allgemeine Geist, eben weil er als nur allgemeiner gefasst wird, mit natürlicher Besonderheit behaftet erscheinen. Es tritt hier also ein Widerspruch auf, wie oben bei der griechischen Religion, nur dass er ihm diametral entgegengesetzt ist. Dort nämlich stellte sich, weil das geistige Individuum sich nur als solches geltend zu machen suchte, ihm gegenüber die Alles negirende allgemeine Naturmacht ein, hier dagegen sucht das Bewusstseyn nur die geistige Allgemeinheit festzuhalten, damit aber erscheint sie selbst als natürlich besondert. Damit wird der Begriff der Gottheit, den wir als die Wahrheit des frühern erkannt haben, diese Bestimmtheit haben: allgemeine geistige Macht, diese aber als natürlich bestimmt und besondert. Diese beiden Momente aber finden sich in dem vereinigt, was wir Volksgeist nennen, worunter nichts Andres hier verstanden wird, als diejenige allgemeine geistige Macht, welche kein anderes Princip und keinen andern Zweck hat, als das Wohl eines durch die Natur bestimmten grösseren Ganzen, der Nation, des Volkes. Diese geistige Macht ist dem Einzelnen gegenüber auch ein unwiderstehliches zwingendes Schicksal, aber eben weil ein vernünftig Berechtigtes, ist das Gezwungenwerden kein physisches, d. h. Müssen, sondern ein Sollen, jene Macht kein Fatum, sondern ein Gesetz. Dieser Gottesbegriff ist nun der der jüdischen Religion, so lange sie sich auf dem rein gesetzlichen Standpunkt hielt, oder wie wir sie mit dem Namen des strengen Mosaismus bezeichnen. (Wie jede wahrhafte Gesetzgebung nur ausspricht, was bereits die Sitte des Volks ist, damit aber auch, weil sie der Entwicklung nachgeht, augenblicklich ein Zwiespalt beginnt zwischen dem, was die Gesetzgebung bestimmt, und dem, was die weiter gegangne Entwicklung des Volksbewusstseyns verlangt, so tritt ein ähnliches Verhältniss auch beim jüdischen Volke ein, schon mit der Königswahl, ja vor ihr, beginnt der rein gesetzliche Standpunkt sich aufzulösen. Der spätere, prophetische, Standpunkt ist ein ganz andrer). Im Mosaismus treten uns daher als nothwendige Folgerungen jenes Standpunkts folgende Bestimmungen entgegen:

Die Gottheit ist hier rein geistige Macht; damit verschwindet die natürliche Grundlage, welche der Gottesbegriff in der griechischen Religion noch hatte. Von einer Naturbedeutung ist hier nicht die Rede, vielmehr sind alle Schranken der Sinnlichkeit von der Gottheit ausgeschlossen, Raum und Zeit existiren für sie nicht, Damit ist augenblicklich ein Gegensatz gegen alle Naturreligion gesetzt. Während der Grieche noch, mit der Sehnsucht des kaum entwöhnten Kindes nach der Mutterbrust, nach Aegypten blickt und in seinen Mysterien ägyptischen Anschauungsweisen sich nähert, wendet sich der fromme Israelit mit Abscheu ab von den Fleischtöpfen Aegyptens. War dem Griechen die Gottheit im Kunstwerk gegenwärtig, weil er sie anzuschauen verlangte, so verbietet das Gesetz, ein

Bildniss der Gottheit zu machen; an die Stelle der Anschauung ist hier das Denken getreten, und die Gottheit spricht nicht mehr durch Naturtöne oder sinnlose Laute der Wahnwitzigen, sondern wendet sich an den Gedanken, wenn des „Herrn Wort ergeht." Das Wort ist für das Denken, das Bild für den Sinn. — Diese geistige Macht, als welche die Gottheit hier gefasst ist, ist allgemeine Geistigkeit, damit verhält sie sich negativ gegen jede Besonderheit, und diese verschwindet vor ihr, wie ein Nichts. Dies gibt den Begriff der Allmacht, die eben darin besteht, dass Alles der Gottheit gegenüber ein Machtloses ist, das gar keine Selbstständigkeit hat. Diese Selbstlosigkeit aller Besonderheiten und also auch ihres Complexes, der Welt, in ihrem Anfange gedacht, gibt den Begriff der Schöpfung, der hier an die Stelle der Kosmogonien tritt. Hier heisst es: im Anfange schuf Gott Himmel und Erde. Kein Vorhandnes ist da, woraus er schuf, er ist der alleinige Grund. Diese Selbstlosigkeit hat die Welt auch nach ihrer Schöpfung. Ihr Seyn ist nur ein stetes Geschaffenwerden, zieht Gott seinen schaffenden Odem zurück, so ist sie nicht mehr. Wäre das Moment der Besonderheit ein berechtigtes, und also auch in Gott selbst, so könnte er die Besonderheiten auch ausser sich gewähren lassen. Itzt aber ist die Besonderheit unberechtigt, daher hat die Welt gar keine Selbstständigkeit. War darum auf dem Standpunkt der griechischen Religion die Welt nur Natur, so ist sie dagegen hier nur Creatur, der Mosaismus kennt keine Natur, und eben deswegen auch keine Natur-

forschung. Weil die Welt gar keine Selbstständigkeit (keine ihr selbst inwohnende Schöpferkraft) hat,
so kann bei den Erscheinungen in derselben das Nothwendige und Zufällige nicht, gesondert werden, sondern es wird Alles gleichmässig auf die unmittelbare göttliche Wirksamkeit bezogen. Damit hört eigentlich die Grenze zwischen dem Wunder und Nicht-
wunder auf. Auf den frühern religiösen Standpunkten gab es keine Wunder, weil keine Schöpfung, hier
gibt es welche, aber Alles wird als solches bezeichnet, weil es nur Schöpfung gibt, und von dem Herrn,
„der grosse Wunder thut, allein" wird ganz gleich
gepriesen, dass er „das Schilfmeer theilte und allem
Fleische Speise gibt." — Die Selbstlosigkeit namentlich der geistigen und sittlichen Einzelwesen gegen
die Gottheit, lässt diese als die allgerechte erscheinen. Gleich dem Gesetze, vor dem keine Person
gilt, zwingt und dräut Jehovah, der strenge und eifrige
Gott. Niemand hat ein Recht ihm gegenüber, Keiner
kann vor dieser starren Gerechtigkeit bestehn. —
Dieselbe Selbstlosigkeit zeigt sich dann auch endlich,
wenn wir auf den Zweck sehen, welchen die Gottheit
befolgt; die Allweisheit derselben besteht nur darin,
dass einzig Gott der Zweck ist, auf den Alles bezogen
wird; die Himmel sind dazu da, seine Ehre zu verkündigen, die Erde, der Schemel seiner Füsse zu
seyn. In diesem Negiren aller Besonderheit liegt das
Erhabne dieses Gottesbegriffes. Eigentlich ist Jehovah
allein, Alles hat nur ein geliehenes Daseyn und ist,
so lange Er ihm dieses Daseyn leiht. Er ist der
Alleinige, indem Er Nichts sich gegenüber hat. —

Bisher ist aber nur die eine Seite dieses Gottesbegriffes entwickelt worden, die andere Seite war, dass hier die allgemeine Geistigkeit als natürlich bestimmt, d. h. dass die Gottheit als Volksgeist gefasst werde. Kann dies von dem Mosaismus gesagt werden? Wie das Volk, so sein Gott, da der Mensch, was er als sein eigentliches Wesen erkennt, der Gottheit zuschreibt. Dass nun ein Volk, welches gerade die Nationalität auf die ausgeprägteste, ja einseitigste Weise ausgebildet hat, seine Nationalität in seinem Gott anschaut, lässt sich von vorn herein vermuthen. Auch bestätigen dies die Nachrichten, die wir von jenem Volke haben. Sehen wir nämlich auf den Punkt, wo das israelitische religiöse Bewusstseyn zuerst erwacht, so ist es bei Abraham ein Gedanke, sich als Volk, oder seinen Gott denken. Dass Abraham ein grosses mächtiges Volk soll werden, Gen. 18, 18, dies ist der Inhalt des Glaubens Abrahams, der ihm zur Gerechtigkeit gerechnet wird, Gen. 15, 5. Seine Erweiterung zur Familie und zum Volk denken ist deswegen bei ihm kein andrer Act des Denkens, als sein Denken Gottes. Sobald nun die Familie, als deren Gott die Gottheit gewusst wird, in mehrere Familien auseinandergeht, erweitert sich das Familienprincip zur Nationalität, und der, in welchem zuerst Israel hervortritt, sieht in seinen Söhnen bereits das Volk Gottes, und erblickt es bereits im Geist, wie es, im Gegensatz gegen andere Völker, seine Nationalität ausprägt. Damit dies geschehe, tritt jenes werdende Volk in Conflict mit einem anderen Volke, und zwar mit dem, in welchem das Naturbewusstseyn am meisten vorwiegt. Im Conflict mit diesem Volke, und unterdrückt von ihm, erwächst Israel selbst zu einem Volke, und findet sich nun in diesem Widerspruche, dass es ein Volk ist, dem aber die äussern Bedingungen der Volksthümlichkeit fehlen, es gilt nur als Kaste, und es fehlt das eigne Land. Hätte es dieses, so würde es, wie jedes andre Volk, seine Volksthümlichkeit, d. h. die Realität seines Volksgeistes unbefangen erleben; dies kann es nicht, und daher bringt es dieser Widerspruch dahin, jenseits seiner wirklichen Existenz die Macht seiner, als eines Volkes, zu besitzen. Dies Jenseits seiner äusserlichen Existenz ist das Reich des Gedankens, und die Macht und Berechtigung dieses Volks als gedachte gibt den Begriff des Nationalgottes Jehovah. Jehovah ist die geistige Macht, die unveränderlich im Laufe der Geschichte den Zweck verfolgt, die Macht dieses Volkes zu realisiren. Darum correspondirt der Frage: Wer ist wie du, Jehovah? vollkommen die in Mosis Segen: Wer ist dir gleich, Israel? — deswegen kann der Herr Abraham nicht verbergen, was er thut, sintemal er ein grosses Volk werden wird, und Israel denkt seinen Stammvater mit seinem Gott ringend und ihm obsiegend, — deswegen endlich wird das Verhältniss zwischen Jehovah und dem Volke Israel als Ehe bezeichnet oder als Kindschaft des Erstgebornen; Jehovah ist mit dem Volke Israel so identisch, wie der Geist dieses Volkes es mit ihm ist, daher die Forderung: Ihr sollt heilig seyn, denn ich bin heilig. — Der, von welchem jene Collision am tiefsten empfunden wurde, in dem tritt das Volksbewusstseyn am meisten hervor; daher spricht zu ihm Jehovah und führt durch ihn das Volk dazu hin, sich eine natürliche Basis seiner Volksthümlichkeit zu erwerben. Er verkündigt als der Gesetzgeber das, was unbewusst und allmählig sich entwickelt hatte.

Es kann keinen grelleren Widerspruch geben, als den, dass der Gott Himmels und der Erde zugleich als der Gott dieser einen Familie oder dieses einen Volks gewusst wird. Dass er aber nothwendig aus dem Begriff der abstract allgemeinen Geistigkeit folgt, haben wir oben gezeigt. Natürlich kann auf diesem Standpunkte selbst die Ableitung dieses Widerspruchs nicht gewusst werden. Nichts desto weniger aber wird er empfunden, und die innere Nöthigung, die diese Empfindung mit sich führt, Beides mit einander zu verbinden, liegt der Vorstellung von dem Bunde zu Grunde, durch welchen der Gott des Himmels und der Erde sich zum Gott nur dieses Volks verpflichtet habe. Man kann dies eine mechanische Verbindung jener beiden Momente nennen, aber anders kann sie auch nicht gefasst werden, da wir ja gesehn haben, dass die eine Bestimmung neben der anderen sich einfindet, also nicht als aus ihr abgeleitet gewusst werden kann. So ist diejenige Religion, welche die erhabenste Vorstellung von Gott hat, zugleich der allerbeschränkteste Particularismus, in dem die Gottheit in ein specifisches Verhältniss gesetzt wird zu allen denen, welche die natürliche Bestimmtheit haben, aus Abrahams Saamen zu stammen. — Indem aber so jene allgemeine Macht zugleich

als der Geist nur dieses Volkes gewusst wird, erscheinen auch die Bestimmungen seines Wesens, die
oben entwickelt wurden, modificirt. Was die Macht
Jehovahs betrifft, so erscheint diese itzt so bestimmt,
dass Alles ein Nichtiges ist, wenn es sich darum
handelt das Wohl Israels zu befördern. So steht die
Sonne still, damit eine Schlacht gewonnen werde.
Die Gerechtigkeit Jehovahs erscheint itzt als
Pflichttreue, da er durch den Vertrag schuldig geworden ist, die Leistungen zu belohnen. Jehovah
gibt dem Hiob Recht, und David verlangt Schutz von
der Gerechtigkeit Gottes, beruft sich darauf,
dass kein Unrecht an seinen Händen sey, und fragt
ungeduldig, wie lange Gott den Gerechten wolle leiden lassen. Alle Andern dagegen erscheinen als rechtlos. Das Recht der Eroberung, woran ein Volk nie
zweifelt, welches Israel bei Gelegenheit der Goldge-
fässe übt, wird deswegen (mit Recht) als Jehovahs
Geheiss angesehn. Endlich die Weisheit Gottes
betreffend, so kennt sie itzt keinen andern Zweck,
als dass Israel herrsche über die Völker. In der That
erkennt auch in dem sittlichen Institute des Staates
der Geist des Volks kein andres Princip an, als das
Wohl desselben. — Indem aber endlich Jehovah die
Bedeutung bekommen hat, der Gott, d. h. die geistige
Substanz, dieses Volks zu seyn, muss endlich auch
seine Einheit einen andern Character bekommen,
der nach der ersten Seite Alleinigkeit war. Israel
ist, wie jedes Volk und mehr als jedes andere, dieses eine bestimmte Volk nur im Gegensatz gegen
andere Völker, von denen es sich unterscheidet und

auf die es sich negativ bezieht. Diese negative Beziehung, die gegen gewisse Völker so weit geht, dass diesen nicht einmal die Berechtigung der Existenz zugestanden wird, muss daher Israel als eine Bestimmung seiner geistigen Substanz selbst wissen. Damit weiss es, wie sich selbst, so auch seinen Gott als den ausschliessend, d. h. numerisch Einen. Daher die Frage: wer ist wie du unter den Göttern? Daher ist Jehovah weder ein Zeus über den Göttern, noch auch eine abstracte unreflectirte Einheit wie im Fatalismus des Sterndienstes, sondern ausschliessende Einheit; er will nicht, dass man andre Götter habe neben ihm. Zwar werden diese andern Götter auch als das Nichtige, als das Leere, ihr Gottseyn als blosser Schein bezeichnet, allein wie es scheint nur um ihre Ohnmacht anzudeuten, wie auch Israel sich allein als das Volk weiss, dazu aber der andern Völker bedarf, um sich von ihnen zu unterscheiden. So bedarf der Jehovahbegriff des Gegensatzes gegen die falschen Götter, weil er numerisch, ausschliessend, Einer ist; hierin der Grund, warum, wo der Kampf gegen die Völker und ihren Götzendienst aufgehört hat, sich innerhalb des jüdischen Volks der Götzendienst aufthut. Der Jehovahbegriff verlangt den Gegensatz gegen die falschen Götter, wie eine Farbe ihre complementäre postulirt.

Wenn in dem Gottesbegriff dieser Widerspruch liegt, so muss sich auch derselbe Widerspruch darin zeigen, wie sich der Einzelne seinem Gott gegenüber weiss. Ganz dem Gottesbegriff gemäss wird dies Verhältniss in doppelter Weise gewusst. Einmal als

Einzelwesen verschwindet der Mensch, er „ist gleich wie Nichts, und verschwindet wie ein Schatte", und der Herr gesteht ihm nicht einmal zu, dass „seine rechte Hand ihm helfen kann." Diese Selbstlosigkeit geht so weit, dass kaum das Böse als eigne That des Menschen angesehn wird, indem „der Herr" es ist, der „David reizt, dass er sprach: gehe hin, zähle Israel." — Andrerseits als Glied dieses auserwählten Volkes ist der Mensch berechtigt, also nur als Nicht-Einzelner. Daher hat der Einzelne sich mit seinem Volke zu identificiren, um mit seinem Gotte versöhnt zu seyn. Nur im Nationalheiligthum gibt sich der Einzelne im Opfer den Genuss der Versöhnung, und hier sind die Einzelnen draussen, im Heiligthum steht der Repräsentant des ganzen Volkes, nachdem er seine Einzelheit (im Opfer für sich) abgestreift hat. Dieser selbe Widerspruch zeigt sich dann auch darin, dass das Volk als Summe von Einzelnen das halsstarrige ist, aber als ein Ganzes (in seiner Idee) das auserwählte. Darum weiss sich der Einzelne als Einzelner durchaus nicht berechtigt, nicht einmal ein persönliches Eigenthum hat er, ja selbst was über ihn von dem gerechten Gott verhängt ist, ist nicht gerade die Frucht seiner eignen Thaten, sondern etwa des Vaters Sünde. Auf dem Standpunkte des Gesetzes wird dies nicht anders gewünscht, erst wo er verlassen ist, wird ein Bund gewünscht und verheissen, wo dem, der selber die Heerlinge ass, die Zähne stumpf werden sollen, und nicht den Kindern. — Auch seine Unsterblichkeit weiss der Israelit nicht als persönliche, sondern wenn er zu den Vätern versammelt wird, lebt nur Israel fort. — Abrahams Segen ruht auf Israel, wie Kanaans Sünde auf den Kanaanitern. Wenn darum der Einzelne als solcher absolut unberechtigt ist, so wird auch das Thun desselben, um sich das Gefühl des Friedens mit Gott zu geben, in nichts Anderem bestehn können, als darin, dass er völlig auf sich verzichtet. Dies geschieht nun in der strengen Zucht des blinden Gehorsams. Als Knecht nur kann sich der Israelit einen Werth geben, und die Gesinnung ist deswegen hier knechtische Gesinnung, Furcht. Hier ist es wesentlich, dass der Mensch handle, nicht weil er es für gut erkannte, sondern weil es so befohlen ist. Die Reflexion, die in der spätern Zeit auftritt, welche sagt, dass es weise sey, das Gesetz zu halten, wo also der Mensch bereits seine eignen Zwecke realisiren will, findet auf diesem Standpunkte noch nicht Statt. Der blinde Gehorsam Abrahams ist das Ideal der rein gesetzlichen Frömmigkeit. Darum eben bezieht sich auch Gott auf den Menschen als der Gesetzgeber, es ist ein fremdes Gebot, das er gibt, und so erscheint denn auch sein Gesetz theils als von aussen kommend, theils als Aeusserliches (Thaten) gebietend. (Es könnte befremdend erscheinen, dass, da doch vorhin gesagt war, Jehovah sey die geistige Substanz des Volkes, doch itzt sein Gebot als ein von Aussen herankommendes bestimmt wird. Dies ist aber im Verhältniss zum Einzelnen immer so; was der Geist meines Volkes (also meine geistige Substanz) will, das tritt zuerst als ein Muss mir entgegen.) Das Gesetz enthält in sich selber den Widerspruch, den jedes

Sollen enthält. Gesetz ist es nur, so lange es noch
nicht erfüllt ist, weil es dann, ein Seyn geworden,
kein Sollen mehr wäre. Deswegen erscheint dem
gesetzlichen Bewusstseyn seine Bestimmung als nie
realisirtes Postulat, und zum Genuss seiner Versöhnung mit Gott kommt es nicht. Wir sehen also
hier, eben wie bei der griechischen Religion, einen
Widerspruch im religiösen Bewusstseyn, und 'wir'
sehen ihn gerade wegen der höheren Würde dieser
Religion greller hervortreten. Dort nämlich hatte der
Widerspruch darin bestanden, dass das Individuum
als geistiges sich berufen fühlte gegen das Schicksal
zu kämpfen, doch aber sich ihm unterliegend wusste.
Dass dem Griechen dieses nicht so entsetzlich erschien,
wie uns, geschah weil er sich doch als blosses Individuum noch dem Natürlichen verwandt fühlte, den
mit der Natur identischen „Ackersknecht" tangirt es
nicht, dass er der Natur unterliegt, — wer seine
geistige Bedeutung fühlt, kann allerdings weinen,
aber im schönen heldenmüthigen Leichtsinn, tröstet
auch er sich im Erringen des Ruhmes; — endlich
flüchtet wohl auch der Mensch zum Naturdienst zurück,
und verzichtet auf den Vorzug jenen Zwiespalt zu
fühlen. Höher erhebt sich der Mensch in seinem
Wissen sowol von sich als von seiner Gottheit in
der Religion des Gesetzes, damit aber tritt auch der
Widerspruch härter hervor, und die Heiterkeit des
Kindes wird zur Furcht des gezüchtigten Knaben. In
der Religion des Gesetzes weiss sich der Mensch nicht
als eine blosse menschliche Individualität, sondern als
in seinem Volke gesegnet, als Jude. Was ihm gegen-

übersteht ist nicht die Nemesis, die Naturmacht, sondern eine Macht die eine vernünftige Berechtigung in sich hat, eine gerechte Macht von geistigem Character. Aber da diese Macht die absolute Macht ist, so weiss sich der Mensch zugleich als berechtigt und als nicht berechtigt, er weiss sich als berechtigt, nur wenn er Knecht, d. h. nicht berechtigt ist. Dieser Widerspruch ist fixirt in dem steten Sollen des Gesetzes. Beide Seiten desselben sind mehr hervorgehoben, er selbst damit greller hervortretend. Noch deutlicher aber tritt er hervor in derjenigen Gestalt der Religion, auf welche der Gottesbegriff der Religion des Gesetzes, als auf seine Consequenz hinweist.

Die Gottheit war hier gefasst als der Geist eines bestimmten Volkes. Nun ist aber ein Volksgeist bloss dieser bestimmte indem er sich von andern unterscheidet, und bethätigt seine Eigenthümlichkeit nur, indem er sich negativ auf andere Volksgeister bezieht. Ausser diesem Conflicte zerfällt Alles in blosse Privat-Interessen, und der Volksgeist existirt nur in dieser negativen Beziehung auf andere Volksgeister, weil sie in seinem Begriffe liegt. Da nun der Volksgeist bloss ist in dem gegenseitigen negativen Verhalten der Volksgeister, so weist also der Begriff des Volksgei-stes als auf seine Wahrheit auf den Conflict der Volksgeister hin; dieser Conflict ist die Weltge-schichte, sie ist (als ihre Wahrheit) der eigentliche Grund der einzelnen Volksgeister, da nur in ihr die Volksgeister werden. (Ein Volk hat ohne Geschichte keine Nationalität). Ist nun der Geist, wie er sich nicht in einer Nationalität, sondern in dem Conflicte

der Nationalitäten bethätigt, das, was wir Weltgeist,
oder Geist der Geschichte nennen, so haben wir an
dem Begriff des Weltgeistes die Wahrheit des Begriffs
des Volksgeistes. Die Wahrheit, das heisst die Vollendung, denn als Weltgeist ist der Geist erst wirklich das, was zu seyn der Volksgeist nur angefangen hatte, allgemeine, und von der Natürlichkeit
freie, also geistige Macht. Er ist allgemeine Macht,
denn ihm gegenüber besteht keine Besonderheit, er
ist mit keinem Individuum und keiner Nation durch
besondere Vorliebe verbunden. Alle gelten ihm gleich
wenig, unbarmherzig mäht er ein Individuum wie das
andere, ein Geschlecht nach dem anderen nieder. Er
ist dann wirklich die Negation jeder natürlichen
Bestimmtheit, da ihn nicht kümmert ob Einer aus
Abrahams oder Canaans Saamen entsprossen. Die
Religion wird damit einen Schritt weiter in ihrer
Entwicklung thun, wo sie den Weltgeist als das Absolute fasst. Wo aber dies geschieht, wird auch augenblicklich das Einzelwesen selbst sich und sein Verhältniss zur Gottheit anders fassen als bisher, denn,
wenn wie der Mensch so sein Gott, so auch umgekehrt. So lange nämlich sein Gott noch die besondere Nationalität respectirt, so lange wird auch der
Mensch sich noch nicht als über jede und namentf-
lich natürliche Schranke erhaben wissen. Er weiss
sich als Glied dieses Volks, er weiss sich damit zugleich verpflichtet, den Bund mit seinem Gott zu
halten, natürlich und sittlich weiss er sich also beschränkt. Itzt aber, wo die Nationalität keine Bedeutung mehr hat, weiss das Individuum sich nicht

mehr als natürlich beschränkt, sondern erfasst sich in seiner reinen Geistigkeit; zugleich aber damit weiss es sich auch nicht mehr verpflichtet, seine Einzelheit auf- und sich dazu zu erheben, dass es sich als Glied des Ganzen (der Nation) wisse, sondern in seiner atomen Einzelheit, wird es seine Bestimmung erkennen. Also freie, gegen die Natürlichkeit freie Geistigkeit, und dabei ganz atome Einzelheit; dies gibt den Begriff der Person im juridischen Sinne. Wenn also der Grieche seine Individualität ausbildete, welche das Naturmoment noch an sich trägt, wenn der Israelit sich als Israeliten wusste, so ist hier der Mensch als Person gefasst, und damit alle Schranke, sey sie natürliche, sey sie sittliche ausgeschlossen. Gegen alle diese weiss sich daher der Mensch als das Berechtigte; nur die atome Person gilt. Kraft ihrer reinen Geistigkeit gilt sie als Absolutes. Die andere Seite aber ist, dass auch sie als diese atome Einzelheit vor derjenigen Macht verschwindet, vor welcher jede Besonderheit Nichts gilt, vor dem Weltgeist. Dieser respectirt gar Nichts, und wenn noch der Jude als Israelit, oder als gehorsamer Knecht sich berechtigt wusste, so wird dagegen hier die einzelne Person, mag sie natürlich oder sittlich auch bestimmt seyn wie sie wolle, vor dem allgemeinen Geiste als rechtlos dastehn. Wie aber ist dieser Widerspruch zu fassen? Es soll die Person als absolut, und soll doch zugleich als rechtlos gewusst werden? Absolut ist sie wegen ihrer Geistigkeit, also wird sie als absolut berechtigt erscheinen nur gegen das, was ein Nicht-geistiges ist, gegen alles

Sächliche, dieses wird an sich gar keinen Werth
haben, aber sofern es dazu dient die Macht der Persönlichkeit zu manifestiren, wird es selbst ein Mittel
zum absoluten Zweck, und damit selbst von absolutem Werthe seyn. Solches nun was die Persönlichkeit fördert ist das Nützliche, und das Nützliche wird,
weil die einzelne Person hier das Höchste ist, in dieser Religion absoluten Werth haben. — Andrerseits
rechtlos ist die Person wegen ihrer atomen Einzelheit, also gegen die Macht, die das Nicht-Einzelne
und die Negation aller Besonderheit ist, den Weltgeist. So werden wir also in dieser Religion die
beiden Bestimmungen finden, dass die atome Person,
abstrahirt von allem sonstigen Inhalt, der höchste
Zweck, und daher alles was ihm nützlich ist von
absoluter Dignität ist, und zugleich, dass dem Geiste
gegenüber, der sich in der Geschichte verwirklicht,
die Person ganz verschwindet. Beide Bestimmungen
finden wir nun wirklich in der Religion des Volkes,
dessen Bestimmung gewesen ist, die Nationalitäten zu verwischen, einerseits dadurch, dass der
blossen abstracten Persönlichkeit ein Werth beigelegt
wurde, wie sie ihn, wo die Nation das Höchste ist,
nicht haben kann, andrerseits dadurch, dass in der
Weltmonarchie, die ein Aggregat aller Völker war,
dem einen Zweck der Weltherrschaft Alles untergeordnet wurde. Dieses Volk, nach seinem ganzen
Begriff also der Erzfeind des jüdischen, ist das
römische.

Wie überhaupt ein Volk sich über sein eigentliches Wesen nicht täuscht, so auch das römische

nicht. Die Nachrichten über seinen Ursprung, welche
dieses Volk uns überliefert hat, und welche, wenn
sie wirklich historisch wären, über sein Wesen eben
so wenig aussagen würden, wie sonst die zufällige
Genesis von Bedeutung ist, sind eben weil sie Mythen sind von Wichtigkeit, da sie zeigen, welchen
Ursprung dies Volk als den seiner würdigen dachte.
Hier ist kein organisches Entstehn, in welchem das
Ganze vor den Theilen da ist, sondern aus den Be-
standtheilen, als dem Primären, entsteht der Staat
als das Secundäre. Und jene Bestandtheile selbst,
was sind sie? Individua, die nicht durch gleiche Nationalität verbunden sind, eben so wenig durch sittliche Bande mit einander verknüpft. Ausser der Ehe
entsprossen, treten die Stifter die Familienpietät mit
Füssen; um den Brudermörder sammelt sich zusam-
mengelaufenes Gesindel, und die Gründung ihrer Häu-
ser beginnt mit einem gewaltsamen Raube der Bräute.
In allen diesen Zügen tritt als das Gemeinsame dies
hervor, dass der Einzelne in seiner Einzelnheit das
ist, worauf es ankommt. Während das jüdische Volk
in seiner weitesten Ausbreitung sich noch als eine
Familie weiss durch den einen legitimen Sohn mit
dem Stammvater zusammenhängend, während dessen
hier gerade das Gegentheil. Hiemit steht nun auch
ganz im Einklange was die geschichtliche Entwicklung dieses Volkes gewesen ist. Wenn in Israel es
eigentlich gar kein Privatrecht gab, kein eigentlich
persönliches Eigenthum, so haben die Römer zuerst den Begriff der Person im juridischen Sinne
gefasst, sie haben das Privatrecht und zwar in seiner

grössten Vollendung aufgestellt, ja das Interesse, welches ihre innere Geschichte darbietet, besteht eigentlich nur so lange, als die verschiedenen Berechtigungen, Privilegien u. s. w. noch nicht fixirt sind, die innerere Geschichte dieses Volks ist ein grosser Rechtshandel. In allem diesem tritt uns der Ernst und die Prosa entgegen, die nirgends fehlt, wo der Einzelne mit seinen particularen Zwecken sich geltend zu machen sucht. Dies die eine Seite, nach welcher es Einzelne mit ihren particularen Zwecken sind, welche die Urbestandtheile des Volkes sind. Eine andere Seite aber tritt uns entgegen, wenn diese Einzelnen in oder nach ihrer Verbindung betrachtet werden. Da ordnen sich die particularen Zwecke einem gemeinsamen Zweck unter, und dieser ist die Weltherrschaft. Rom zu einem Aggregat von mechanisch verbundnen Reichen zu machen ist der, immer mehr sich realisirende, Zweck. Beides zugleich tritt uns in diesem wunderbaren Volke entgegen. — Wie das Volk, so seine Religion. Die römische Mythologie ist eine Bestätigung dafür. Kaum bedarf einer Erwähnung das antiquirte Vorurtheil, als sey diese mit der griechischen dieselbe. Nicht nur dass so viele Gottheiten rein römischen Ursprungs sind; auch die man zu identificiren pflegt, wie Jupiter und Zeus u. s. w. sind ihrem Inhalte nach wesentlich von einander unterschieden; eine Vermischung griechischer Mythen war bei einem Volk, welchem die Religiosität mehr im Beobachten der alten Gebräuche bestand, als in einem Festhalten an Lehren, sehr leicht möglich, aber gerade in jener Veränderung, welche man römi-

scher Seits gerühmt hat, dass man die „unwürdigen
Dichtungen" von den Göttersagen weggelassen habe,
liegt auch eine Veränderung ihres Inhalts. Sieht man
aber auf den Inhalt des Gottesbegriffs der Römer, so
ist das Lob, das Cicero ihnen gibt, dass sie als das
religiöseste Volk in Allem Götter gesehn, nicht pan-
theistisch zu verstehn, sondern so dass Alles, d. h.
jede Angelegenheit des Lebens, jeder Zweck, jedes
Geschäft göttlich, d. h. von absolutem Werthe war.
Wie die Anlegung der Städte mit jenem Gebrauche,
der wahrscheinlich der Erzählung von des Remus
Ueberspringen der Mauer ihren Ursprung, gegeben hat,
so ward jeder, auch der nichtigste, Zweck mit dem
feierlichsten Ernste begangen. Was zu irgend einem
Zwecke dient, wird darum als göttlich verehrt, d. h.
alles Nützliche. Man denke an Gottheiten wie For-
culus, Cardea, Limentinus u. s. w. Man sehe wie
die praktische Bemerkung, wie viel auf den Anfang
ankommt, zur Verehrung des Janus führt u. s. w. —
Alle particularen Zwecke aber werden untergeordnet
gedacht als dem höchsten Zwecke, dem Staatszweck,
der *salus publica*, und so sieht man mit dem sich
ausbildenden Staate auch andere Gottheiten hervortreten; ehe Rom Schifffahrt treibt, tritt Neptunus zurück,
nachher werden Venilia, Tempestates, Portumnus verehrt. Das Wohl des Staates tritt nun als das eigentlich Absolute am deutlichsten hervor in den grossen
Gottheiten; so ist Juno nach ihren verschiednen Be-
ziehungen als Virginensis, Matrona, Viriplaca, Lucina
Schützerin der Familien, als Moneta beschützt sie
den Verkehr der Völker; vor Allen aber tritt uns

als die höchste Gottheit Jupiter entgegen und zwar als der Feinde schlagende (Feretrius) Capitolinus, der nichts Andres ist als der absolute Staatszweck, und in sofern seinem Inhalte nach mit der *salus publica* und der spätern Göttin Roma zusammenfällt. Neben ihm steht dann als der Nächste Mars als Quirinus. Den Zweck des römischen Staates schaut der Römer in seiner höchsten Gottheit an, ist aber dieser wie gesagt wurde, die Weltherrschaft, so ist auch Jupiter Capitolinus nichts Andres als die Macht, welche die Welt beherrscht, der Weltgeist. (Das Adjectiv des Götternamens gibt immer den Inhalt an, welchen dieser Name hat. Hier spricht nun eben das Adjectiv diese Bedeutung entschieden aus. Es ist die Feinde schlagende, d. h. Krieg führende Macht, im Kriege aber manifestirt sich der Conflict der Völker oder die Geschichte am meisten. Es ist daher die höchste Gottheit der Autor der Geschichte und dies ist der Weltgeist. Er hat keinen andern Zweck als die Weltherrschaft, diese aber ist es auch, welche Rom sucht.) So sieht man denn auch in dem Gottesbegriffe der Römer die beiden oben angegebnen Momente zum Vorschein kommen, einmal ist der Einzelne als absolut gedacht, deswegen hat Alles göttliche Dignität, was ihm zu seinen Zwecken verhilft, oder nützlich ist, andrerseits aber ist wieder das Absolute jener eine Zweck, wogegen alles Andere nur ein Mittel ist, und ein Nichtiges, ein Widerspruch der in diesem Gottesbegriffe selbst liegt. Auf die grellste und gräulichste Weise ist dieser Widerspruch dann hervorgetreten in der spätern Zeit des römischen Lebens, wo das Volk,

eben weil es der Geist der ganzen Welt ist, den
es verehrt, mit wahrem Hunger nach fremden Göttern
sucht, um in dem Pantheon seine Gottheit vollständig zu haben, weil es selbst sich erst als vollständig
wusste, wenn es ein Aggregat sämmtlicher Völker geworden, — und zugleich wieder in dem blossen Einzelnen die Gottheit anschaut. Dieser Einzelne (der Kaiser) ist es nicht durch seine natürliche Geburt, er
ist es eben so wenig durch sittliche Würde, sondern
der Weltgeist, der mit den Individuen spielt und den
Korsen zum Kaiser macht und in St. Helena sterben
lässt, dieser hat jenen Einzelnen für einen Moment
erhoben. Man weiss ihn als ein solches Spielwerk
des Schicksals, denn Jeder kann Kaiser werden, und
dennoch weiss man ihn auch als Gott, d. h. als etwas
Absolutes. — In dem Verhältniss des Einzelwesens
zur Gottheit, wie dieses hier gewusst wird, treten
diese beiden Bestimmungen gleichfalls hervor. Dieses
Verhältniss bestimmt, in allen Religionen, so auch
hier, den Cultus. In diesem aber treten uns einerseits die Weihungen und Gelübde entgegen, welche
eigentlich Verträge sind, die zwischen dem Menschen
und der Gottheit geschlossen werden und daher auch
beide Theile binden. Sie werden mit derselben Ge-
nauigkeit und Vorsicht geschlossen, wie alle anderen
Contracte, und betreffen die allerparticularsten Zwecke.
Diese particularen Zwecke weiss der Mensch als der
Gottheit so wichtig, dass die Omina bindende Ver-
sprechen der Gottheit sind; bleibt bei guten Auspi-
cien der Erfolg aus, so ist nur die Beobachtung falsch
und *nova auspicia captanda sunt.* Die andere Seite

aber ist, dass wenn in diesen Feierlichkeiten der Mensch sich als berechtigte, contrahirende, Person weiss, er zugleich auch sich als absolut unberechtigt und nichtig erkennt. Wie in der Kunst die Römer sich von den Griechen darin unterscheiden, dass sie keine grossen Tragiker haben, sondern in der Komödie sich in ihrem täglichen Treiben anschaun, und dieses ihr Treiben selbst als nichtig erkennen, indem sie sehn, wie der Sklave, Koch u. s. w. den ehrlichen, fleissigen Landmann betrügt u. s. f., so tritt uns auch in ihren religiösen Festen der sich selber ironisirende Sinn hervor. So, wenn in den Saturnalien die Standesunterschiede, die Privilegien der Freien von den Sklaven negirt, und also gerade das als nichtig gesetzt wird, was sonst das grösste Interesse für sie hat, so ganz besonders in den Kampfspielen, mit welchen sie ihre Feste feiern. Wenn bei den Griechen, weil ihnen das Individuum in seiner Unmittelbarkeit das Höchste ist, in den Kampfspielen man sah wie die Individualität sich geltend macht, so sieht man dagegen hier Sklaven gegen Sklaven oder auch gegen Bestien streiten, und die Befriedigung liegt im Anschauen des blossen (nicht etwa tragischen) Todes. Es ist ein Sterben um des Sterbens willen, und die Befriedigung liegt eben darin, dass der Mensch anschaut, was er für die absolute Bestimmung des Einzelwesens hält, zu Grunde zu gehn. Darum denn auf diesem religiösen Standpunkte die Selbstaufopferung wieder zum Vorschein kommt als das solenneste Opfer, die auf den bisher betrachteten Standpunkten nicht vorkam. — Mit dieser Ansicht hängt dann auch zusammen, dass von einer eigentlichen Unsterblichkeit nicht die Rede seyn kann, es gibt nur eine Unsterblichkeit in der Geschichte, im Nachruhm; es ist der römische Standpunkt, den Diodor den Aegyptern leiht, wenn er als ihr Leben nach dem Tode ihr blühendes Andenken bezeichnet. Der Mensch weiss sich hier nur àls Mittel, und daher besteht auch nicht er, sondern nur Roma. —

In allen den Religionen, die bisher betrachtet wurden, zeigt sich ein Widerspruch in der Fassung des Gottesbegriffes, ja dieser Widerspruch steigert sich um so mehr, je höher dieser Begriff sich entwickelt, und mit ihm steigert sich auch der Zwiespalt im religiösen Bewusstseyn. Am wenigsten zeigte sich dieser (s. p. 24) auf dem griechischen Standpunkte, viel greller trat er hervor auf dem Standpunkte des Gesetzes, in welchem, als dem continuirlichen Sollen, der Widerspruch sich fixirt hatte, dass das Individuum (als solches) Nichts gilt und doch auch gilt (als Knecht Jehovahs), als dieses selbst mit dem Herrn ringen und ihm obsiegen kann. Am meisten steigert sich nun dieser Widerspruch auf dem römischen Standpunkte. Anders, höher, ist hier die Ansicht des Menschen von sich und von seiner Gottheit. Von sich, denn er weiss sich nicht mehr als blosses natürlich-geistiges Individuum, er setzt eben so wenig seinen Werth in die natürliche Bestimmung der Nationalität, sondern er erfasst sich in seiner zwar atomen Einzelheit, die aber geistige Einzelheit ist, als Person, und damit hat hier die Einzelheit in ihrem Extrem absolute Bedeutung erhalten, — von seiner Gottheit, denn diese ist itzt wirklich allgemeine Macht, indem sie jede Besonderheit ausschliesst, ganz abstracte, extreme Allgemeinheit. Damit ist aber auch dieser Widerspruch in dem religiösen Bewusstseyn gesetzt, dass einerseits das Subject an seiner Berechtigung zäh festhält *(jus meum reservans)* und weder wie der Jude auf sich verzichten muss, noch wie der Christ will, und andrerseits, dass es sich als gar nichts weiss. In diesem grellen Widerspruche ist deswegen das religiöse Bewusstseyn weder jene nur selten getrübte Heiterkeit der Griechen, noch auch die Furcht des Knechts Gottes, sondern es tritt hier ein Zustand der Verzweiflung entgegen, in welchem der Mensch bald sich in seiner blossen abstracten Einzelheit fixirt und, jedes substanziellen Inhaltes entleert, den Anblick der grössten sittlichen Verworfenheit darbietet, bald wieder untergehn will, nur um seine Einzelheit los zu werden, was sich im Selbstmord oder der Sehnsucht des Todes zeigt, oder endlich in trostloser Klage über die Wirklichkeit, dass Besseres nicht möglich sey, zu erkennen glaubt. Ein trostloser Anblick, den die Welt dort darbietet. Die Menschheit wie auf der Richtstätte nach Tod verlangend — (und auch der Henker hat nicht gefehlt, der ihr nur einen Hals wünscht) — zeigt sich uns in einem Zustande, wo die einzelnen Atome in der Verwesung auseinander fallen wollen. Aber nur wer auf der Richtstätte begnadigt wird, ist ganz frei und die Verwesung musste beginnen, damit der Leichnam den Ruf vernehmen konnte: Lazare ich sage dir, komme heraus! —

In der That ist nämlich in jenem Zustande der Verzweiflung ein, nicht verstandnes, Bedürfniss nach der Lösung des Widerspruchs enthalten, worin jene Verzweiflung besteht; die christliche Lehre erkennt dies an, indem sie jenen Moment als den anerkennt, wo „die Zeit erfüllet war." Die Lösung jenes Widerspruchs ist auf diesem Standpunkte selbst nicht zu finden, er bietet nichts dar als ein stetes Oscilliren zwischen den entgegengesetzten Extremen, indem das Subject sich selbst als berechtigt und d a n n als nichtswürdig weiss, indem es ferner die Gottheit b a l d nur in dem Allgemeinen (daher im Pantheon) erkennt, und b a l d wieder diesen Einen, Nichtswürdigen, Heliogabal u. A. als Gott weiss. Man kann dies einen Standpunkt der religiösen Verrücktheit nennen; wie aber jede Verrücktheit, so weist auch diese auf die Vernunft hin, die in ihr — entstellt — sich findet, nämlich auf ein neues Verhältniss zwischen den besondern Existenzen und der Allgemeinheit. Dieses entwickelt sich dialektisch aus dem eben Betrachteten. Indem nämlich das Einzelwesen sich als das Nichtswürdige weiss dem Absoluten gegenüber, hat es in der That seine blosse Einzelheit überwunden, denn diese fesselt es nur sobald es und so lange es sein Recht festhält. Im Sich als nichtswürdig Wissen hat daher das Einzelne die harte Schale des Egoismus gesprengt, und damit, da nur in seiner sich isolirenden Einzelheit seine Werthlosigkeit liegt, selbst einen Werth bekommen, da es itzt ja dem Absoluten aufgeschlossen ist, vor dem sein Egoismus es verschloss. Eben weil es sich als Einzelnes als wesenlos weiss, hat es seine blosse Einzelheit auf- und sich zur Allgemeinheit er-hoben, und ist, weil Nicht-Einzelnes, berechtigt. Dies ist die Wahrheit und eigentliche Lösung jenes Widerspruchs. Diese aber erkennt das Bewusstseyn hier nicht, sondern wenn ihm nun, indem es seiner Werthlosigkeit bewusst worden ist, seine Berechtigung bewusst wird, wechselt es nun zwischen beiden Bestimmungen ab, und spricht: „Ich dieser Einzelne bin nichtswürdig“, und dann: „Ich dieser Einzelne bin berechtigt“, statt dass es spräche: „Ich als Einzelner bin nichtswürdig, also bin ich als Nicht-Einzelner berechtigt“. Das Bewusstseyn versteht sich also selbst nicht, und ist eben darum verrücktes Bewusstseyn, eben so wie es Verrücktheit des Verbrechers ist, wenn ihn die Unruhe des Gewissens (d. h. die Vernunft) zu neuen Verbrechen (d. h. zu Unvernunft) treibt. — Hat aber das Bewusstseyn eigentlich seine opponirende Stellung gegen die Gottheit aufgegeben, und steht doch diese ihm nur so gegenüber, wie das Subject sich ihr gegenüber stellt, so haben wir dies Verhältniss: Die absolute Macht ist allgemeine geistige Macht (s. oben), aber sie schliesst itzt nicht mehr die Besonderheit von sich aus (denn diese hat sich ihr ja erschlossen), also ist itzt was früher ihr gegenüberstand selbst ein aufgehobnes Moment an ihr, d. h. sie ist weder nur allgemeine, noch nur besondere Geistigkeit, sondern über diesen Gegensatz erhabene, d. h. Geistigkeit überhaupt oder absoluter Geist. Der Geist als nur allgemeiner hätte an den besonderen Geistern seine Grenze, sein Ende, diese an jenem. In beiden

Formen ist daher der Geist **endlicher** Geist. Itzt aber wird der Geist wahrhaft unendlich seyn, indem die Endlichkeiten in ihm **aufgehoben**, nicht von ihm ausgeschlossen sind. Oder aber: Jene Macht ist itzt nicht mehr eine Macht, welche dem Menschen gegenübersteht, sondern die Menschheit, die sie nicht mehr ausschliesst, ist itzt Moment an der Gottheit selbst. Das religiöse Bewusstseyn auf der betrachteten Stufe kann sich dieser Folgerung nicht ganz erwehren, noch weniger aber sie ganz fassen, und so wechselt es auch hier wieder mit den entgegengesetzten Bestimmungen und bald ist ihm die Gottheit nur allgemeine Macht, bald ist sie ihm diese einzelne menschliche Person. So ist darin die Wahrheit verkehrt, und der Gottesbegriff wird hier eben so verrückt gefasst, wie oben das Bewusstseyn sich selber verrückt auffasste. —

Die Wahrheit, die in jener verrückten Auffassung also entstellt enthalten ist, ist diese, dass das Verhältniss zwischen dem Individuo und der Gottheit ein wesentlich anderes geworden ist. Das Individuum ist nämlich nicht mehr das **heitere**, welches nur mitunter vor dem Schicksal schaudert, — es bezieht sich auch auf seinen Gott nicht als der **Knecht**, mit dem Trost, durch seine Geburt ausgezeichnet zu seyn vor den Völkern der Erde, — es will endlich nicht als blosse rechtliche Person gelten, sonst aber für die *salus publica* ganz zu Grunde gehn, — sondern es hat auf seine blosse Einzelheit resignirt, und diese Resignation (**Busse**) macht, dass es sich mit der Gottheit ganz identisch weiss, als gerecht. Die

Gottheit dagegen ist hier weder der gleichmachende Neid, der nichts Grosses duldet, — noch auch der strenge Herr, der höchstens seinen Lieblingen gerechten Lohn austheilt, — noch auch endlich der mörderische Weltgeist, der nur abstracte Personen, Bürger, Streiter, kennt, aber nicht wirkliche Persönlichkeiten, — sondern die Gottheit, indem sie das Moment der Besonderheit in sich selber hat, lässt Besonderheiten gewähren, ist Erbarmen, Liebe, G n a d e, indem sie die Menschheit nicht von sich ausschliesst, hat sie selber an der Menschheit Theil. Die Beziehung endlich beider Seiten ist nicht so von einander zu sondern, dass etwa Busse und Erbarmung auseinanderfielen als Ursache und Wirkung oder umgekehrt, sondern die Beziehung ist nur e i n e, d. h. eben sowol ein Thun der Gottheit als ein Thun des Individuums, eben sowol ein sich Erheben des letztern als ein Erhobenwerden desselben, eine identische Beziehung die in ihrem Beginn betrachtet V e r s ö h n u n g, als fortdauerndes Verhältniss versöhnt s e y n, L i e b e G o t t e s (*amor Dei*, was eine doppelte Bedeutung hat) genannt wird. Diejenige Religion nun, welche die oben angeführte Consequenz der früheren Religionen in sich enthält, wird die Wahrheit derselben seyn, sie wird, weil sie die Gottheit als absoluten Geist und das Verhältniss des Individuums zur Gottheit gleichfalls als absolutes, freies, Verhältniss erkennt, die absolute Religion seyn, die Religion schlechthin, welcher gegenüber die anderen Religionen als e n d l i c h e, und, da sie nur die unvollständige Wahrheit enthalten, als unwahre Religionsformen bezeichnet werden können. Da nun historisch die absolute Religion als christliche aufgetreten ist, so ist mit Recht das Christenthum als der Brennpunkt anzusehn, in welchem alle Strahlen der Wahrheit, die in den übrigen Religionen sich finden, sich concentriren. In dieser Beziehung muss gesagt werden, dass die Religionsphilosophie die christlichen Elemente in den übrigen Religionen zu erkennen habe. Aber wohlverstanden nur die Elemente, denn wirklich Christliches in irgend einer Religion suchen, heisst den Begriff der Entwicklung vergessen. Alle weisen auf das Christenthum als auf ihre Wahrheit hin, wie das Gesetz der Zuchtmeister auf Christum hin ist, aber nur indem es über sich hinaus weist. Die verschiednen Religionen sind successiv auf einander folgende Stufen, die dem Christenthum immer näher kommen, bis dieses als die Vollendung, und eben darum als specifisch Verschiednes hervortritt. Die höhere Entwicklung ist deswegen auch eine grössere Annäherung an das Christliche.

Der Aufgabe, welche der erste Abschnitt dieser Abhandlung sich gesetzt hat, den absoluten Begriff der Gottheit abzuleiten, wäre hiemit genügt, und wir könnten sogleich zum zweiten Abschnitt übergehn, welcher zum Zweck hat, den abgeleiteten Begriff weiter zu entwickeln und in allen in ihm enthaltnen Momenten zu erörtern. Indess mahnen viele Umstände, hier eine Digression einzuschieben, welche veranlasst durch gewisse häufig vorkommende Einwände, zugleich dazu dienen wird, eine Lücke zu füllen, die bei der Characteristik des Mosaismus scheint geblieben zu seyn. Der Satz nämlich, mit welchem der erste Abschnitt sich schloss, spricht entschieden aus, was stillschweigend schon die ganze Entwicklung gezeigt hat, dass uns die römische Religion als die letzte Staffel vor dem Christenthum erscheint. Diese Stelle wird ihm nun von vielen Seiten her abgesprochen, und sowol religiöse als historische Gründe werden angeführt, um zu zeigen, dass diese Stelle nicht der römischen, sondern der mosaischen Religion gebühre. Obgleich die ersteren für unsern Zweck die unwichtigern sind, so können wir doch ihnen nicht vorübergehn, und so betrachten wir denn als den ersten Einwand den, der ungefähr so ausgesprochen zu werden pflegt: „Es streite gegen das religiöse christliche Bewusstseyn, wenn man das Christenthum aus dem Römerthum hervorgehn lasse; vielmehr sehe das unbefangne christliche Bewusstseyn in demselben eine heidnische, ja die ihm allerfeindseligste Ansicht (z. B. in der Apokalypse), während es sich dem Judenthum verwandt, ja sich aus ihm entsprossen wisse." — Zuerst muss nun hier bemerkt werden, dass diesem Einwande eine zwar schon oft gerügte, aber darum doch immer wieder vorkommende Verwechslung zweier Begriffe zu Grunde liegt, nämlich des Christenthums und der christlichen Religion. Nach der Analogie mit Volksthum und ähnlichen Worten muss unter Christenthum der ganze Complex der christlichen Lebensäusserungen verstanden werden, wo dann christliche Religion mit darunter fiele, aber nicht die ganze Sphäre erfüllte. Versteht man aber unter Christenthum was darunter verstanden werden muss, und. gehört z. B. das Recht der christlichen Welt gleichfalls zu den Lebensäusserungen derselben, so wird man nicht leugnen können, dass das römische Recht ein eben so wichtiges Ingrediens des Christenthums ist, wie die griechische Philosophie oder die alttestamentliche Religion. Das aber versteht man wahrscheinlich in jenem Einwand nicht unter Christenthum, sondern nimmt dies Wort *abusive* zur Bezeichnung bloss für christliche Religion. Sey's, so gehn wir zu einer zweiten Bemerkung über, nämlich dass bei unserer Entwicklung von einem geschichtlichen Hervorgehn gar nicht die Rede ist, sondern nur davon, dass in der Reihe der sich folgenden Verwirklichungen der Idee der Religion diejenige, die wir in der römischen erkennen, unmittelbar vor der zu stehn kommt, die wir in der christlichen sehen, ähnlich wie etwa die Fische unmittelbar den Amphibien vorhergehen, ohne dass diese aus jenen werden. Es kann seyn, dass solches Aufeinanderfolgen dem Begriffe oder der Dignität nach manchmal mit dem historischen Hervorgehn zusammenfällt, wie z. B. in einer dialektischen Entwicklung der Religionen der Buddhaismus sich als die Wahrheit der Brahmareligion erweist, deren Folge er auch geschichtlich gewesen ist, oft aber ist dies auch nicht der Fall, wie z. B. der Sterndienst, der dialektisch genommen auf die indo-chinesischen Religionen folgt, schwerlich daraus hervorgegangen ist. Endlich aber kommen wir zu einer dritten Bemerkuug, gegen das Hauptargument in jenem Einwande gerichtet. Sie betrifft die gar nicht abzuleugnende Apprehension des unbefangnen christlichen religiösen Bewusstseyns gegen die römische, und die eben so wenig abzuleugnende Hinneigung zu der jüdischen Religion. Aber gerade dies Factum spricht mehr für als gegen unsere Anordnung. Wie in der Natur die unterste Stufe einer neuen Gruppe sich von der obersten der früheren scheinbar am meisten entfernt, weil das Neue, was in ihr hervortritt, zuerst im Extrem erscheint, — (die untersten Glieder-Thiere sind fast nur Glieder und höher hinauf tritt erst das Gleichgewicht ein) — so wird auch im Geistigen die neue Sphäre gerade vor der nächsten sich mit dem grössten Abscheu abwenden, weil darin, eine entstellte Verwandtschaft, kurz eine Carricatur sich zeigt. In der That verhält sich's hier auch so; die römische Religion bietet uns Momente dar, die eben deswegen das christliche Bewustseyn so empören, weil es Verzerrungen seiner selbst darin ahndet, wie sich der Mensch mit Abscheu gerade von der h ö c h s t e n Entwicklungsstufe des Thierreichs abwendet, weil diese ihm in ihrer Aehnlichkeit nur seine Carricatur darbietet. So sehen wir in der römischen Religion, dass sich der Mensch als ganz nichtig weiss, weil dieses Gefühl der christlichen Zerknirschung und Demuth nahe kommt, aber keine Ahndung vom Christlichen hat, deswegen erscheint es als karrikirte Demuth, als Niederträchtigkeit; — so andrerseits weiss sich das Individuum als Mensch berechtigt, weil aber keine Ahndung davon Statt findet, dass der Mensch berechtigt ist durch seine Identität mit Gott, sieht der Christ mit Recht in diesem Bewusstseyn karrikirte Selbstachtung, d. h. Gottlosigkeit. Sehn wir auf den Gottesbegriff, so wird Gott gewusst als alles bewältigende Macht, aber zugleich (und dies ist die Karrikatur) als nach Niemand fragend, — und zugleich wieder ist ein einzelner Mensch als Gott verehrt. Wir nannten dies oben Verrücktheit. Es ist dies deswegen, weil wir eine · Karrikatur des tiefsten christlichen Mysteriums, nach welchem der Schöpfer ein Menschenkind ist, sehen; (Verrücktheit ist als Verkehrung der Vernunft nicht ohne, diese) eine solche Verzerrung, dass es fast wie ein Frevel erscheint, bei dem Einen an das Andere zu denken. So weiss also das christliche religiöse Bewustseyn sich von dem römischen gerade deswegen abgestossen, und weiss es als verworfenes im Vergleich mit dem Standpunkte des Gesetzes, weil es ihm näher kam. Judas ist, weil er dem Herrn näher stand, mehr verworfen als Pilatus.

Wir gehn zu einem Einwande der zweiten Art über, der sich nicht sowol auf das religiöse Bewusstseyn, sondern auf den objectiven Zusammenhang, wie er geschichtlich sich gezeigt hat, beruft: „Die christliche Religion, sagt man, ist historisch aus der jüdischen hervorgegangen und nicht aus der römischen; was soll man daher von einer Darstellung halten, die darauf Anspruch macht, eine nothwendige Entwicklung darzustellen, und der wirklich da gewesenen Entwicklung nicht achtet?"— Wir könnten antworten, dass bereits oben gesagt ward, es handle sich hier nicht um geschichtlichen Fortgang, sondern um dialektischen, allein ehrlich gestanden würden auch wir, wo der historische Zusammenhang so zu kurz käme, dass etwa eine Religion, die so erweislich aus einer andern hervorgegangen wäre wie der Islam aus dem Mosaismus, in einer dialektischen Entwicklung vor jener zu stehn käme, gegen die Richtigkeit der Deduction misstrauisch werden. Jener historische Einwand aber schreckt uns nicht, weil er von ganz falschen Prämissen ausgeht. Die Zeit, in welcher das Christenthum auftritt, wird jeder unbefangne Historiker als die römische Zeit bezeichnen, und wenn man immer so geradezu sagt, aus dem Mosaismus sey die christliche Religion hervorgegangen, so vergisst man den wesentlichen Umstand, dass der Boden, worauf es erwuchs, das unterdrückte (d. h. aufgehobne) Judenthum war, und zwar das durch das Römerthum unterdrückte, so dass auch die bloss historische Betrachtung für uns, nicht gegen uns spricht.

Es ist aber bisher bei diesen Erörterungen ein Punkt ganz verschwiegen worden, welcher allerdings das Judenthum zu dem Christenthum in ein anderes Verhältniss stellt, als das ist, in welchem die andern Religionen zu demselben stehen. Nämlich es findet sich in der jüdischen Religion sehr Vieles, was mit christlichen Ideen nicht nur übereinstimmt, sondern worin das christliche Bewusstseyn sogar ganz bestimmte Hinweisungen auf das Christenthum anerkennt. Diese Punkte, die man mit einem ungeschickten Namen messianische Weissagungen zu

nennen pflegt, finden sie sich wirklich, und wenn
sie sich finden sollten, beweisen sie nicht einen besondern Zusammenhang zwischen Judenthum und Christenthum? Wir haben diesen Punkt bisher ignorirt,
weil es uns drauf ankam, den gesetzlichen Standpunkt
in seiner Reinheit zu fixiren; auch treten jene sogenannten messianischen Weissagungen in demselben
Verhältniss' häufiger hervor, in welchem der Standpunkt des blossen Gesetzes zurücktritt. Im Begriff
dieses lag (p. 19), dass die Vereinigung mit Gott,
und der Genuss der Versöhnung ein nie erfülltes
Sollen blieb, und daher nur als ein absolutes Jenseits gedacht werden konnte; der Gedanke des Israeliten richtete sich deswegen auf die verheissne Zukunft, oder auf die gewesene Vergangenheit,
wenn er die Einheit seines Volks mit Gott sehen
wollte. Ueber diesen Widerspruch nun sucht sich
das Volk zu erheben, und die jenseitige Macht in
persönlicher Gegenwart sich präsent zu wissen durch
einen Act, welcher eigentlich schon beginnende Auflösung des bloss gesetzlichen Standpunkts bezeichnet,
durch die Wahl eines Königs. Es will die gegenwärtige Befriedigung haben, seinen Herrscher zu
sehn, den es sonst nur im unsichtbaren Allerheiligsten wusste. Der nur gesetzliche Standpunkt litt nur
Richter, die in Zeiten der Noth auftraten; die Maje-
stät des Königs, in der nicht nur das Gesetz, sondern auch Gnade sich zeigt, kann mit diesem Standpunkte nicht bestehn. Deswegen sehn wir Samuel,
der ganz ihm angehörte, dagegen auftreten, nur die
prophetische (auf die Zukunft gerichtete) Stimme

sagt ihm, er solle dem Verlangen willfahren. Wenn der erste König noch im Conflict erscheint mit den alten theokratischen Ideen, und das Volk es zuerst noch als eine Schuld ansieht, dass sie ihn zum König nahmen, so ändert sich das bald; der alte Standpunkt tritt in den Hintergrund, und in David tritt der Held Israels hervor, welcher der Gesalbte des Herrn und sein Liebling ist. Wenn das Volk nun in seinem König den Liebling Jehovahs sieht, und damit in der Gegenwart sich befriedigt weiss, weil ihm ja die Vereinigung Jehovahs mit seinem Volke präsent ist, so ist doch das Individuum, in welchem es dieselbe sieht, selbst ein Glied dieses Volks; es wird also eben so wie dieses den Widerspruch fühlen, welcher in dem gesetzlichen Standpunkte liegt, es wird eben so wie sein Volk darnach verlangen, einen Königs- priester zu haben, in welchem Jehovah's Wohlwollen ihm objectiv wird; es wird dieses Verlangen um so mehr sich steigern müssen, je mehr äussere Umstände oder innerliche Zustände den Widerspruch der zwi- schen seiner Bestimmung und diesen liegt, ihm deut- lich machen. Da ihm natürlich die sichtbare persön- liche Herrlichkeit Israels nicht so objectiv ist, wie dem Volk (dem es sie selber repräsentirt), so wird dieses Individuum sich in die Zukunft flüchten, und wie Abraham seinen Saamen als Volk sah, so sieht der königliche Liebling Jehovah's Israels Herrlichkeit in einem kommenden König Israels. Dies sind die messianischen Erwartungen Davids. Man verwechselt diese sehr oft mit auf das Christenthum gehenden Vorstellungen; das sind sie nicht, und durch eine solche Verwechslung werden ganz verschiedne Begriffe zusammengebracht. Der Messias Davids ist die Herrlichkeit des Volkes Israels, wie er sie in der Zukunft in der Person eines königlichen Helden schaut. Dazu dass die messianischen Erwartungen christlich seyen, dazu bedürfen sie eines bestimmten Inhalts; diese ersten sind noch fast ganz dem gesetzlichen Standpunkt entwachsen, und haben daher noch gar keinen christlichen Character. — Der Widerspruch zwischen der Bestimmung und der gegenwärtigen Lage bringt zu den messianischen Erwartungen (wie früher zu dem Gedanken Jehovah's p. 18), daher finden wir sie bei dem König, der noch für seine Sicherheit zu kämpfen hat. Als aber die königliche Würde sich befestigt hat, und das goldne Zeitalter Israels unter Salomons glänzender Regierung eingetreten ist, da verliert sich der Geist in den Genuss und die gegenwärtige Befriedigung, und jene Hinweisungen auf die Zukunft verstummen; zugleich aber ist diese Zeit es gewesen, in welcher das gesetzliche Bewusstseyn noch mehr zurücktritt als bisher. Es tritt nämlich itzt an die Stelle des blossen Gehorsams, welcher nicht klügelt, sondern thut, eine Art von moralischem Eudämonismus, wie er uns in der Weisheit Salomons begegnet, wo man es weise, d. h. zweckmässig findet, das Gesetz zu befolgen, wo man Verständigkeit bewahrt, um Gutes zu finden u. s. w. Kurz, indem wir hier die Reflexion auf das eigne Wohl hervortreten sehen, sehen wir, wie sich innerhalb der jüdischen Religion selbst der Fortschritt geltend macht, (freilich in anderer und liebreizenderer Form),

welchen wir oben beim Uebergange zu der römischen
Religion als nothwendig erkannten (p. 28), dass nämlich das Nützliche zum Princip gemacht wird. Wir
werden sehen, dass bald auch die andere Bestimmung, die wir daselbst entwickelten (p. 26), eben
so hier nicht vermisst werden kann. Indem die Weisheit itzt an die Stelle des Gehorsams getreten ist,
ist in der That ein Abfall vom Gesetz eingetreten,
welcher sich darin zeigt, dass nicht nur der weise
Salomon selbst dem Götzendienst zufällt, sondern dass
das ganze Volk das religiöse Bewusstseyn seiner Einheit aufgibt, und der grössere Theil desselben sich
von dem religiösen Mittelpunkte losreisst. Dieser
Widerspruch, dass das Volk Israel nur zwei Stämme
sind, ruft die ersten Propheten hervor, deren Bestimmung zunächst nur die ist, mit dem Eifer, der jede
Reaction characterisirt, theils gegen den Naturdienst
aufzutreten, theils die Hoffnung auszusprechen, dass
Israel zum Hause Davids zurückkehren werde. Als
nach dem Untergange des andern Reiches nur in Juda
sich noch das Bewusstseyn Israels erhalten, sehen
wir auch hier, wie das gesetzliche Bewusstseyn sich
ausgelebt hat, und das stets sich wiederholende Schau-
spiel wie Naturdienst und reformatorische Versuche
abwechseln, und wie immer wieder die Propheten an
das Gesetz erinnern. Während aber so das Volk
seinen Abfall vom Gesetz nur als Rückfall, als
Revolution zeigt, geht mit den Propheten selbst die
Veränderung vor, dass sie auf dem Wege der Evo-
lution gleichfalls den gesetzlichen Standpunkt verlassen. Eben weil sie auf andere Weise als das Volk

von dem Gesetze abgewichen sind, wissen sie sich
dem Volk gegenüber im Gegensatz und strafen dasselbe, aber auch die Strafreden sind nicht mehr aus
dem Feuereifer der Reaction hervorgegangen, sie haben einen wesentlich anderen Character. Wie jedes
Neue zuerst in Form der Unmittelbarkeit auftritt, so
auch dieser neue Standpunkt der Propheten. Nicht
als ein Werk der Reflexion erscheint was sie ver-
künden, sondern wie eine plötzliche Extase ergreift
sie der Geist. Je weniger sich derselbe noch eine
bleibende Stätte gemacht hat, um so mehr erscheint
es als ein vorübergehendes Factum, dass er den Propheten ergreift. Dieser kann davor erschrecken, sich
seiner Aufgabe nicht gewachsen fühlen u. s. f. Die
ersten, phrophetischen Stimmen knüpfen noch an die
ursprüngliche Vorstellung an, nach welcher eine Ehe
Israel mit Jehovah verbindet; zugleich aber ist das
Bewusstseyn da, dass dieses Verhältniss n i c h t Statt
finde, und dieser Widerspruch zwischen dem eigentlichen Zweck Gottes, und seiner Verwirklichung im
Volke Israel lässt über den Ehebruch klagen, den
Israel begangen. Der eigentliche Rathschluss Gottes
ist also hier nicht verwirklicht, und darum kann' der
Israelit nicht mehr triumphirend fragen: wer ist wie
du unter den Völkern? sondern sein religiöses Bewusstseyn ist u n g l ü c k l i c h, weil es Jehovah seinem Volke zürnend weiss. Der Prophet sieht in seiner Begeisterung den Tag des Gerichts, den Tag Jehovahs kommen. Das Gericht, welches er kommen
sieht, ist nur das, welches sich in der Geschichte
offenbart: Jehovah ruft das eben culminirende Volk,

Jehovah ist es der die Feinde führt gegen das Boll-
werk Jerusalems. In diesem Act aber ist auch Jehovah entschieden über die blosse Nationalbestimmt-
heit hinausgegangen, er ist itzt d i e Macht, welche
die Völker gegen einander führt, d. h. der W e l t-
g e i s t geworden, und indem sich das Bewustseyn zu
diesem Universalismus erhebt, sehen wir in einer schö-
nern Weise hier auch die zweite Bestimmung hervortreten, die uns beim Römerthum begegnete. Damit
aber, dass Jehovah eine andere Bedeutung bekommen
hat, ist auch die bisherige Religionsform ungenügend
geworden; daher hört der Prophet wie Jehovah den
Cultus tadelt; ihn widern die Opfer an, ja er ver-
leugnet den Bund, wenn er spricht: Euren Vätern habe
i c h nicht geboten von Brandopfern. Darum werden
itzt diejenigen als f a l s c h e Propheten gescholten,
welche auf die Bundesstätte verweisend dem Volke
Frieden verheissen, weil ja Jehovah hier sey, und
die ihm sagen, dass man ruhig seyn könne, wenn
man am Gesetz halte. Was früher die Wahrheit war,
erscheint itzt als Verblendung. Wenn gleich Moses
und Samuel vor ihm stünden, so hat Jehovah doch
kein Herz zu diesem Volke. Deswegen schaut der
Prophet itzt einen neuen Bund vor sich, den der Herr
schliessen wird, einen Bund, in welchem nicht mehr
das Verhältniss des Einzelnen zu Jehovah durch die
Nation vermittelt ist, sondern Jeder für sich steht,
und wer die Heerlinge gegessen, selbst stumpfe Zähne
bekommt. Damit aber dass itzt der Einzelne selbst
in einem Verhältniss zu Gott steht, treten auch die
Vorstellungen der p e r s ö n l i c h e n Unsterblichkeit

hervor, von denen wir bei dem Psalmisten die Anfänge, im Pentateuch keine Spur finden. — Diese
Ueberwindung des particularistischen rein gesetzlichen
Standpunktes geht allmählig vor sich, daher traten
stets Schwankungen ein zwischen dem alten und neuen
Standpunkte, nicht nur so, dass der Prophet selbst
wie Jonas in Zwiespalt geräth mit seiner Mission,
indem er es nicht gern sieht, dass das Vorrecht seines Volks, durch Busse Vergebung zu erlangen, auf
ein andres Volk ausgedehnt werde, sondern es entstehen Versuche, das neue Bewusstseyn mit den frühern Vorstellungen in Einklang zu bringen, und so
kommen jene Vorstellungen zum Vorschein, welche
am Ende doch wieder Israel das auserwählte Volk
seyn lassen, nur aber es sich allein denken, sey
es nun dass alle andern Völker ausgerottet, sey es
so, dass Jehovah sich aus den Heiden Priester und
Leviten wählt, und alle Völker nach Jerusalem ziehn,
um anzubeten. Diese vermittelnden Vorstellungen enthalten einen Widerspruch in sich, weil die Elemente
die sie verbinden, sich widersprechen: eine Nationalität ist nur andern Nationalitäten gegenüber, und
mit dem Universalismus hört der Begriff des auserwählten Volkes auf.

In dieser Zeit nun, wo so allmählig das Bewusstseyn des jüdischen Volkes sich zu dem höhern Standpunkt erhebt, erleiden auch die messianischen Vorstellungen eine wesentliche Veränderung. Wir können
dieselbe so bezeichnen, dass wir sagen sie werden
itzt zu dem, was man gewöhnlich messianische
Weissagungen zu nennen pflegt. Man versteht

nämlich unter diesen directe Hindeutungen auf das Christenthum und zwar in einem andern Sinne als etwa alle Religionen dies sind. Diese nämlich enthalten unentwickelt das, welches sich, weiter e n t - w i c k e l t, im Christenthum findet, sie sind dadurch an sich, oder f ü r u n s Keime christlicher Ideen. Wenn nun aber bei den einzelnen Religionen selbst Ahndungen vorkommen von einem solchen Verhältniss, so spricht sich dies so aus, dass sie religiöse Ideen enthalten, welche auf dem Standpunkte, auf welchem diese bestimmte Religion steht, ganz unverständlich sind, dagegen auf einem höhern etwas Nothwendiges wären. Solche Inconsequenzen, wodurch eine Religion über sich selber hinausweist, kommen fast bei allen Religionen vor, so in der skandinavisch - germanischen Mythologie die Ahndung von dem Aufhören der ganzen Götterwelt u. dgl. Sind diese religiösen Vorstellungen der Art, dass sie zu der Religion innerhalb derer sie vorkommen nicht passen, wohl aber auf einem andern, aber immer noch endlichen, religiösen Standpunkt erklärlich, ja nothwendig sind, so sind sie unbewusste Anticipationen dieses letztern, Hinweisungen auf ihn, als die nächst vollkommnere Entwicklungsstufe. (Solche Inconsequenzen z. B. kommen im Brahmaismus vor, wir sehen in ihnen Anticipationen Buddhaistischer Vorstellungen, weil sie im Buddhaismus keine Inconsequenzen sind. Oder in späterer Zeit sind die Mithrasvorstellungen im Parsismus, welche mit den Aegyptischen Vorstellungen so übereinstimmen, Ahndungen dieses höheren Standpunkts u. s. w.). Sind aber die Ideen, die einer religiösen Vorstellung zu Grunde liegen, der Art, dass sie nur auf dem Standpunkte der absoluten Religion erwachsen keine Inconsequenz, hier vielmehr etwas Begreifliches und Nothwendiges wären, dagegen zu den sonstigen religiösen Vorstellungen mit denen verbunden sie vorkommen gar nicht passen, so sind sie Anticipationen des absoluten Standpunkts, christologische (oder messianisch genannte) Weissagungen. Unter diesen verstehe ich religiöse Vorstellungen, welche verhüllte christliche Ideen enthalten (verhüllte, nicht unentwickelte, denn Letzteres sind alle religiösen Vorstellungen) und deswegen die Enthüllung weissagen. Darin liegt auch schon, dass die eigentliche Bedeutung erst klar werden kann, wo der höhere Standpunkt erreicht ist. Von diesem aus erst weiss man, dass dies oder jenes geschah, „auf dass die Schrift erfüllet würde." Derjenige, welcher sie etwa ausspricht, kann ihre eigentliche Bedeutung nicht erkennen, denn ihm ist diese Idee gekommen innerhalb seiner religiösen Vorstellungen, und mit diesen sucht er sie in Einklang zu bringen, er kann nur etwas Andres meinen, als was in dem liegt, was er ausspricht. Jede solche Anticipation geht deswegen auf die Zukunft, wenn sie auch gar nicht den Character einer Vorhersagung hätte, weil ihre eigentliche Bedeutung in der Zukunft liegt. Dergleichen Anticipationen christlicher Lehre kommen nun nicht nur unter den Juden vor, sondern auch in anderen Religionen. Die Hercules-Idee z. B. ist eine solche. Die Idee eines vergotteten Menschen (ein Ausdruck

der deutschen Theologie), der physisch als der Be-
freier, moralisch als der Schuldlose gewusst wird,
und durch seine Tugend den Himmel erwirbt, ist auf
einem Standpunkte, wo, je trefflicher das Individuum
ist, es um so sichrer dem Schicksale uuterliegt,
ein fremder Gedanke. Wir sehen diesen Heros d e n
befrein, welcher dem griechischen religiösen Standpunkte als der Schuldigste erscheinen musste, weil
er sich vermass, die Menschen den Göttern gleich zu
machen, den Prometheus. In diesem Mythus sind
Ideen enthalten, welche völlig dem widerstreiten, was
sonst Grundgedanke der griechischen Mythologie ist,
er geht über diese Mythologie hinaus, und in sofern
muss man sagen, dass des befreiten Prometheus Weis-
sagung eingetroffen ist, im Hercules hat wirklich des
Zeus Herrschaft ihr Ende erreicht. Der Verirrung
einiger christlichen Mystiker, im Hercules Christum
zu sehn, liegt das wahre Gefühl zu Grunde, dass in
jenem Mythus über den griechischen Standpunkt hinausgegangen worden. Diejenige Religion aber, innerhalb welcher diese Anticipationen am häufigsten vorkommen, ist die jüdische. Schon auf dem rein gesetzlichen Standpunkte kommen Erscheinungen vor,
die wir hier herrechnen. Das allgemeine Versöhnungsopfer z. B. beruht auf einer Ansicht, die auf m o s a i-
s c h e m Standpunkte unerklärlich ist. Auf diesem
wurde das V o l k als mit Gott versöhnt gewusst, nur
der Einzelne war es nicht, hatte er sich durch das
Opfer mit dem Volke identificirt, und ist er mit den
Urim und Thummim angethan, als dem Rechte der
Kinder Israel, so ist er der Gegenwart Jehovahs

würdig. Hier dagegen tritt uns die Ansicht entgegen, dass das Volk als Totalität doch sündig sey. Mit dieser Vorstellung der allgemeinen Sündhaftigkeit tritt deswegen auch hier die Vorstellung einer bösen Macht auf, die nicht nur in den Einzelnen sich verwirklicht, sondern den Character einer allgemein herrschenden Macht hat. Diese Vorstellung weist über den mosaischen Standpunkt hinaus, und das Versöhnungsopfer ist typisch zu nehmen, wie Johannes Baptista es nimmt, weil es auf eine Versöhnung hinweist, die der Menschheit als ganzer nothwendig ist, eine Idee, welche dem mosaischen Standpunkte fremd ist. — Die angeführten Beispiele zeigen nun aber auch, in wiefern wir berechtigt waren, den Namen messianische Weissagungen als ungeschickt gewählt zu bezeichnen. Die Wahl nämlich dieses Namens beruht auf der Voraussetzung, dass alle messianischen Erwartungen solche Anticipationen seyen, und dass diese Anticipationen nur bei den Messias-Erwartungen sich fänden; das Erstere leugneten wir oben, und was das Zweite betrifft, so kommen sie, wie wir sogleich sehn werden, dort auch, ja dort vorzugsweise vor, indess ist dies für die eigentliche Bedeutung derselben unwesentlich, und dem Versöhnungsopfer liegt eben so gut eine Idee zu Grunde, welche eine verhüllt christliche ist, als mancher Verkündigung der Propheten vom Messias; wir nennen sie beide christologisch. —

Gehn wir nun, nachdem hier der Begriff des Christologischen festgestellt worden, wieder zurück auf die Zeit, wo in den Propheten der rein gesetzliche Standpunkt sich immer mehr auflöst, so sehen wir auch darin, wie sich allmählig die Messias-Idee gestaltet, eine immer weitere Entfernung vom gesetzlichen Standpunkte und darum eine immer grössere Annäherung an den christlichen. Hatte David in seinem Messias die Zukunft seines Volkes, die er als das Ziel ansah, angeschaut in der Person eines Königs gleich ihm, der, der Gesalbte und Liebling Jehovahs, das erreicht hätte, was David nur anstrebte, so sehen dagegen die Propheten in dem Messias immer mehr einen n e u e n Bund verwirklicht. Diese Messias-Idee ist specifisch verschieden von der Davidischen, weil die Versöhnung Jehovahs mit dem Volke itzt anders gedacht wird. Diese Versöhnung erscheint den Propheten als eine Persönlichkeit. Nicht dass eine bewusste Personification hier Statt gefunden hätte, sondern wie in der Ahndung der ahndende Geist u n b e w u s s t so oder anders symbolisirt, so e r s c h e i n t dem Propheten, ohne bewusstes Zuthun von seiner Seite, die Bestimmung seines Volkes, sein allendliches Ziel und Loos in der Person des Messias. Je nachdem nun die Bestimmung des Volks, je nachdem Jehovahs Walten in demselben verschieden gedacht wird, je nachdem erscheint auch den Propheten der Messias verschieden. So lange man Jehovahs Walten im Volk noch als die Herrschaft des Gesetzes weiss, erscheint der Messias mit dem Gurte der Gerechtigkeit gegürtet, es wird als die Bestimmung des Volkes gewusst, dass das religiöse und politische Leben in alter Weise blühe, und der Prophet schaut den Messias als König wie David

war, und aus Davids Hause stammend; je mehr das
Bewusstseyn erwacht, dass der gesetzliche Standpunkt
negirt werden müsse und die Nationalität als Schranke
angesehen wird, um so mehr erscheint der Messias
als leidend, die Gewissheit endlich, dass Israel
wirklich zu Grunde gehn müsse, lässt das prophetische Bewusstseyn den sterbenden Messias erblicken. (Alles dies sind nicht willkührliche Allegorien, sondern unwillkührliche Symbole der Ahndung.)
Wenn aber, wie wir sahen, das Bewusstseyn der
Propheten sich doch nicht ganz von dem gesetzlichen Standpunkte losmachen kann, sondern seine
neuen Ideen diesem anzupassen sucht, so dass auch
der neue Bund mit Jehovah wieder Jerusalem zu seinem Mittelpunkte bekommt, so treten uns auch hier
wieder Aeusserungen entgegen, in welchen Leiden
und Tod nur als vorübergehende Momente erscheinen, durch welche der Messias die frühere Herrlichkeit verdient. Von diesem Schwanken zwischen dem
alten und neuen Standpunkte kann nun das Bewusstseyn erst befreit werden, wenn die Nationalität wirklich aufhört. Diese wird überwunden äusserlich durch
die Unterdrückung, noch mehr aber innerlich während des Exils, indem hier unter einer gelinden
Herrschaft das Volk sich mit seinen Unterdrückern
befreundet. Wenn der Druck der Aegyptischen Herrschaft die jüdische Nationalität nur um so schärfer
ausprägte, so verliert sie sich im Exil so sehr, dass
sogar die Volkssprache vergessen wird. In der Zeit
des Exils athmet daher die Prophetie am meisten
einen rein geistigen (daher dem Christlichen verwand-

ten) Character, Daniel schaut im Kampf gegen die Weltreiche das Himmelreich an, die Welt des Geistes; sein Messias, des M e n s c h e n Sohn, ist deswegen erhaben über den Sohn D a v i d s, den die andern Propheten schauten. Diese höchste Anschauung der Prophetie reicht nahe an das Heil heran, tritt aber auch noch nicht hinein. Die Weltreiche müssen noch ablaufen vor dem Himmelreich, das nur in der Zukunft geschaut wird. Die Nationalität des Volkes Israel ist zwar vernichtet, aber die der übrigen Völker besteht noch, ja, in ihr Land entlassen, scheinen die Juden ihre Nationalität wieder ausprägen zu wollen. Allein das frische Leben des Gesetzes ist zu Ende, nicht nur, dass fremde Vorstellungen sich eingeschlichen haben, sondern die Religion ist itzt zu einer todten Orthodoxie geworden, das Gesetz spricht eine vergessene Sprache. In dieser Zeit, wo an die Stelle des lebendigen Vertrauns auf Jehovah die Gewohnheit an seine Satzungen getreten, schweigt die Prophetie; der Canon der h. Schriften ist abgeschlossen, und wird unverändert fortgepflanzt, eben so erhält sich die Messias-Idee in der Tradition, und wird v i e l l e i c h t als mystische Geheimlehre weiter fortgebildet. Dadurch wird das Volk, das schon einmal seine Nationalität eingebüsst hat, fähig gemacht, auch da, wo es der, a l l e Nationalitäten negirenden Macht unterliegt, die Hoffnung nicht aufzugeben auf den, der da kommen soll, mag nun der Eine ihn als Davids Sohn erwarten, der Andre auf den Menschensohn Daniels hoffen. Endlich ist unter jener Weltmacht das religiöse Bewusstseyn bis zu jener Empfänglichkeit gekommen, dass der Letzte der Propheten — („wahrlich mehr denn ein Prophet, denn von Allen, die vom Weibe geboren, ist Keiner grösser als er,") — auftreten konnte, d e r Prophet, welcher, ein zweiter Moses, in das gelobte Land schaute, ohne hineinzukommen, welcher verkündigte, dass das Himmelreich nahe herbeikommen s e y, und in dem Erschienenen den erkannte, der der W.e l t Sünde trägt.

In sofern nun gerade das jüdische Volk in der sich entwickelnden Prophetie gleichsam den Vorhof bildet zu dem Heiligthume der Wahrheit, ist es ganz richtig, seine Religion in einem besondern Verhältniss zur christlichen zu wissen. Es muss aber dabei nicht vergessen werden, dass dieses Verhältniss nur Statt findet zwischen dem sich auflösenden gesetzlichen Standpunkte und dem Christenthum. Wo das Judenthum seinen particularistischen Standpunkt aufgibt, und universalistisch wird, steht es dem Christenthum näher, da aber hat es auch aufgehört, Mosaismus zu seyn. Es bliebe nun zum Beschluss dieses Excurses, — welcher den doppelten Zweck hatte, einmal die Stellung zu rechtfertigen, die wir den bisher betrachteten Religionen gegeben, dann aber zu zeigen, in wiefern wir bei der Betrachtung der jüdischen Religion die Prophetie bei Seite setzen durften, — noch eine Frage zu beantworten übrig: Nämlich wir haben gesagt, p. 49, dass beide Bestimmungen des römischen Gottesbegriffes hier gleichfalls, und zwar in einer anziehendern und höhern Gestalt zum Vorschein kommen. Warum ist nun der Uebergang nicht anstatt durch das Römerthum, durch die Prophetie gemacht worden? Der Grund ist dieser: Nur im Römerthum treten beide Bestimmungen zugleich hervor, in der Entwicklung des jüdischen Bewusstseyns nach einander; nur die römische Religion ferner zeigt uns diese Bestimmungen als wirkliches Centrum eines ganzen Religionssystems, in der Prophetie treten uns nur zerstreute Strahlen entgegen; nur das Römerthum endlich zeigt uns die nothwendigen Consequenzen dieser Principien in ihrer Vollständigkeit, während in dem universalistisch gewordnen Judenthum die abschreckenden Consequenzen nicht gezogen werden. Wie darum der Mensch, der trotz seiner schlechten Principien ihnen nicht folgt, moralisch höher steht, als der consequente Bösewicht, der Letztere aber dem Psychologen ein interessanterer Gegenstand ist, so wird die wissenschaftliche Betrachtung die römische Religion dem Christenthum näher stellen müssen, weil sie es wagt in ihr Princip sich mehr zu vertiefen und deswegen tiefer steht, indem sie sich höher erhob.

II.

Weitere Entwicklung des abgeleiteten Begriffes.

Nachdem der erste Abschnitt sich die Aufgabe gestellt hatte, den wahren Gottesbegriff abzuleiten, wird dieser zweite keine andere Aufgabe haben können, als aus demselben alles das zu entwickeln, was zur Beantwortung der Frage nach der Schöpfung die Daten abgeben kann. Diese Entwicklung aber selbst

wird in nichts anderem bestehen können, als darin,
dass sie die Momente sich expliciren lässt, welche in
dem Gefundenen bereits als Keime liegen. Was darum
dort (p. 39—41) das Resultat war, wird hier den
Ausgangspunkt geben.

Schon p. 6 war als zugestanden angesehn worden, dass der Geist wesentlich Thätigkeit, Process,
sey. (Es wird nachher sich ein Punkt ergeben, wo
das Anstössige, was Mancher in dem letztern Ausdruck finden möchte, beseitigt werden wird). Dies
kann er nur seyn, indem er eine Einheit ist von
unterschiednen Momenten, da einfache Beziehung auf
sich nur blosses Seyn, Ruhe wäre. Was hier vom
Geiste gesagt ist, gilt nicht bloss vom Geiste des einzelnen Individuums, sondern eben so vom absoluten
Geiste. Sehn wir zu, ob in der Deduction des Gottesbegriffes angezeigt ist, als welcher Momente Einheit hier der Geist zu fassen sey, so hatten in den
vorhergehenden Gestalten der Religion sich gegen-
übergestanden die einzelne Subjectivität und die allgemeine objective Macht, der sie unterlag. Dieser
Gegensatz hatte sich zuletzt aufgelöst, und damit sich
also ein anderes Verhältniss ergeben. Wie nämlich
das Subject nicht mehr in der objectiven Macht ein
Fremdes sieht, so ist auch diese über den Gegensatz
der objectiven und subjectiven Geistigkeit hinaus,
also, wie sie (p. 38) bezeichnet wurde, Geistigkeit
überhaupt, Geistigkeit *absolute*, Geistigkeit, wie
sie Nichts mehr als ihre Negation sich gegenüber hat.
Die absolute Religion wird also Gott zu fassen haben
als Geistigkeit überhaupt. —

Suchen wir nach näheren Bestimmungen dieses Begriffes, so ist alles davon ausgeschlossen, was in irgend einer Weise einen Gegensatz gegen irgend eine Schranke enthielte. Als das erste Prädicat ergibt sich daher das blosse Insichseyn, das jedes Bestimmtseyn durch Anderes, jede fremde Ursächlichkeit ausschliesst, Gott ist deshalb *causa sui*, als solche ist er e w i g und n o t h w e n d i g, er ist endlich der E i n e nicht im Sinne der Singularität, sondern der Alleinige. Als dieser Alleinige ist Gott nothwendig der Verborgene, Dunkle. Er ist es einmal, weil Nichts in ihm zu unterscheiden ist, er ist es zweitens, weil Nichts da ist, was in ihm Etwas unterschiede. So fehlt das Licht, wie das Auge. Als der Verborgene schliesst er alle Offenbarung aus, ist nur auf sich bezogene Identität, die jede Bestimmung, weil Besonderung, von sich ausschliesst. Alle diese Bestimmungen zusammen können nicht besser ausgedrückt werden als mit Spinozas Worten: *Per substantiam intelligo id, quod in se est et per se concipitur; hoc est id, cujus conceptus non indiget conceptu alterius rei, a quo formari debeat.* Dass von dieser seiner Substanz Spinoza jede nähere Bestimmung ausschliesst, weil jede Determination Negation, die Substanz aber reine Affirmation, d. h. abstracte Identität, sey, versteht sich von selbst. Eben so wenig ist sie Person, Ich, weil dazu ein sich selber Beschränken, d. h. Negiren gehört. Die absolute Religion wird also Gott so zu fassen haben, wie Spinoza seine Substanz fasst. Wird Gott n u r so gefasst, so gibt das den Pantheismus, und würde die absolute Religion ihn n u r so fassen, so würde sie Spinozismus seyn. Da sie aber, wie sich in der Folge zeigen wird, was bei Spinoza das ganze Wesen Gottes ausmachen soll, nur als ein vorübergehendes aufgehobnes Moment in ihrem Gottesbegriff enthält, so ist sie aufgehobner, überwundner Spinozismus, und er kann sich innerhalb ihrer nur regen, wo sie erstirbt, wie nur in der Verwesung die gebundnen Stoffe frei, und als Stoffe, hervortreten.

Ist nun gesagt worden, dass in der christlichen Religion die absolute Religion geschichtliche Realität gewonnen, so ist auch diese Begriffsbestimmung in der christlichen Lehre nachzuweisen. Ein für alle Mal muss hier gesagt werden, was es mit solchen Nachweisen für eine Bewandniss hat. Sie können durchaus nicht die Bedeutung haben, die Richtigkeit unsrer Begriffsentwicklung darzuthun, denn diese muss den Beweis ihrer Richtigkeit in sich selbst enthalten, vielmehr soll dadurch die Wahrheit der christlichen Lehre dargethan werden. Wenn den Religiösen als solchen die Uebereinstimmung mit der Kirchenlehre etwa zu Gunsten einer philosophisch entwickelten Wahrheit einnehmen kann, so hat der, für den allein eigentlich eine philosophische Entwicklung gegeben wird, keine andere Beruhigung nöthig, als die in der richtigen Deduction selbst liegt. Wie darum in der Naturphilosophie bloss darauf gesehn werden muss, dass die Begriffsentwicklung richtig ist, Alles aber was die Erfahrung darbietet und was noch nicht als nothwendig aus dem Entwickelten erkannt werden kann, bis auf Weiteres als zufällig angesehn werden muss, so verhält sich's auch hier. Je mehr darum von dem, was wir entwickeln in der Kirchenlehre sich auch finden sollte, um so mehr werden wir uns um dieser willen freun, dass so viel Vernunft in ihr enthalten; wo diese Uebereinstimmung fehlt, kann dieser Mangel, wenn anders unsre Entwicklung methodisch fortgeführt ist, nicht unsre Entwicklung verdächtigen, sondern wir werden in den kirchlichen Bestimmungen rein temporelle, zufällige Bestimmungen so lange annehmen müssen, als sie nicht aus unsrer Entwicklung sich mit Nothwendigkeit ergeben. Gehn wir nun nach dieser Bemerkung dazu über, die Bestimmung des göttlichen Wesens, zu welcher wir gekommen sind, in der christlichen Religion nachzuweisen, so finden wir sie nun nicht etwa in dem, was die christliche Lehre als Gott den Vater bezeichnet, denn Gott der Vater ist nach der Kirchenlehre offenbar schon Person, auch liegt es in der Natur der Sache, dass der Vater nicht mehr als alleinig gefasst werden kann, da ihm der Sohn gegenüber steht, — sondern sie tritt uns in dem entgegen, was die Kirche sehr treffend mit dem Ausdruck *divina substantia* bezeichnet, oder als *Divinitas*. Beide Ausdrücke sind ganz dem Begriffe entsprechend, da hier Gott wirklich nur noch Substanz, blosse Gottheit ist. Es ist daher unrichtig zu sagen, dass die Vorstellung von Gott dem Vater allen Religionen gemeinschaftlich sey, vielmehr erkennt das Christenthum, dass Gott nur sofern er die nichtbesonderte, nicht-offenbare Substanz ist, in allen Religionen verehrt werde, weil dieser Begriff die

Grundlage aller Gottesbegriffe bildet. Wenn darum Paulus an die δεισιδαιμονία der Athener anknüpfend, den unbekannten Gott verkündigen will, so erkennt er das Verborgen- und Unbekanntseyn als ein wesentliches Moment in Gott an, aber als vorübergehendes, indem er die Offenbarung dieses Gottes verkündigt, wodurch jenes aufgehoben wird. Es ist daher nicht zu verwundern, wenn man in jener Rede Act. 17, 23 seq. so oft hat Pantheismus finden wollen; Paulus steht in der That, indem er hier an dieses Moment im göttlichen Wesen anknüpft, welches der Pantheismus allein hervorhebt, diesem näher als je. Er stellt sich ihm am nächsten, um zu zeigen, wie es im Christenthum bei ihm nicht sein Bewenden hat, sondern er in ihm' aufgehoben ist.

Bei jener gefundnen Bestimmung kann aber nicht stehen geblieben werden, und bleibt deshalb auch die absolute Religion nicht stehn. Nämlich wenn wir gleich in unserer Deduction den wahren Begriff Gottes abgeleitet haben, so ist es doch ein Mangel, dass dies der blosse abstracte, noch nicht realisirte Begriff ist. Nämlich vor jener Deduction war uns gegeben der Gegensatz des allgemeinen Geistes und der besonderen Geister. So lange dieser Gegensatz besteht, haben wir es nur mit dem endlichen Geiste zu thun, denn der allgemeine Geist ist endlich, weil er die Besonderheit, die besonderen Geister, weil sie den allgemeinen sich gegenüber, und also an ihm ihr Anderes, ihr Ende haben. Ihre Wahrheit war der unendliche Geist; dieser ist das Ende ihrer Endlichkeit, aber zunächst haben wir an diesem Ende nur noch den **Anfang** der Unendlichkeit, d. h. der Begriff der Unendlichkeit ist noch nicht realisirt. Dass er es nicht ist, würde dadurch erhellen, dass in dem Begriffe der göttlichen Substanz, wie wir ihn bisher entwickelten, ein Widerspruch sich fände, der gelöst werden muss. Ein solcher Widerspruch findet aber wirklich Statt in dem, was das Resultat der Entwicklung gewesen ist. In dieser hatten wir den Gegensatz zwischen subjectivem und objectivem Geiste gesehn, und als unwahren erkannt. Das Resultat war uns die Geistigkeit überhaupt: diese erscheint als die Wahrheit jenes Gegensatzes. In der That aber ist sie es nicht: als unwahr wäre jener Gegensatz nur in dem gesetzt, und nur das wäre wirklich seine Wahrheit, welches die concrete Identität jener Entgegengesetzten (zugleich das Weder-Noch und das Sowol-Als auch) derselben wäre. Der gefundne Begriff ist aber nur der der Indifferenz (das blosse Weder-Noch). Der Widerspruch ist also gesetzt, dass die concrete Identität **nur noch** als Indifferenz gefasst ist. Mit diesem Widerspruch hängt ein andrer, oder richtiger eine andre Form desselben, zusammen. Nämlich die absolute Indifferenz ist einfache Beziehung auf sich; es kommt ihr also das Prädicat des Seyns' zu, und den Gottesbegriff so genommen, wird von Gott gesagt werden müssen: er **ist,** nun aber [ist Gott als Geist Process, es ist also hier der Process als **seyend** gefasst, d. h. als Nicht-Process, was sich widerspricht. Gott als Indifferenz fassen', heisst, ihn als blosses **Seyn** fassen (daher die Spinozistische Substanz als die blosse Indifferenz, weil sie *negatio-*

nem nullam involvit, leblos ist), als blosse Gottheit, was sich wie gesagt widerspricht, weil er dann als Nicht-Process genommen wird. Dieser Widerspruch treibt dazu, weiter zu gehn, und wenn wir daher oben gesagt haben, dass die absolute Religion Gott als Geistigkeit überhaupt fassen müsse, so haben wir itzt erkannt, dass sie ihn nur zunächst so fassen kann, da der Widerspruch in diesem Begriffe dazu nöthigt, ihn weiter anders zu fassen.

Die Lösung dieses Widerspruchs, welche eben die nähere Bestimmung des Gottesbegriffes gibt, ist hier zunächst anzugeben und dann in ihren einzelnen Momenten zu erörtern. Es kann aber dieser Gegensatz nicht anders überwunden werden als dadurch, dass sich jene Indifferenz mit ihm einlässt, d. h. dass sie ihm in ihr selbst einen Raum gewährt, und ihn dadurch zum blossen Moment herabsetzt. Ihn ausschliessend wäre sie blosse Privation, bliebe Indifferenz. Natürlich aber wird, wenn innerhalb dieser Indifferenz sich jener Gegensatz zeigt, er eine andere Gestalt haben, als wo er sich ausserhalb derselben befunden hat. Wie dort, wo die chemische Einheit von Radical und säuerndem Princip als einen Gegensatz bildend erscheint, nicht mehr Radical dem Sauerstoff gegenübersteht, sondern Säure (Einheit von Radical und Sauerstoff) dem Oxyd (gleichfalls einer solchen Einheit), so wird auch die Indifferenz, die wir hier betrachten, in den Gegensatz sich nur dann eingelassen haben, wenn sie selbst als die beiden Entgegengesetzten erscheint. Das heisst, sie selber wird itzt als Allgemeines sich als Besonderem ent-

gegentreten, und sich in diesem Auseinandertreten mit
sich identisch setzen, ·d. h. vermitteln müssen. In
dieser Vermittlung wird sie nicht mehr s e y n (denn
Seyn ist Unmittelbarkeit), wird eben so wenig In-
d i f f e r e n z seyn (denn diese ist Unterschiedslosig-
keit), sondern den Unterschied als Moment in sich
haben, also sich bewegen, Process seyn. Logisch
ausgedrückt wird also die Lösung jenes Widerspruchs
darin bestehn, dass der gefundne Begriff seine Einseitigkeit, blosser Begriff zu seyn, aufhebt, sich selber in die Momente der Allgemeinheit und Besonderheit dirimirt, und so als die Beziehung von Begriffen,
d. h. als Urtheil, erscheint, endlich aber durch Aufheben dieser Diremtion als Schluss sich mit sich selber vermittelt. Sehen wir vorläufig zu, was das Resultat dieser Selbstvermittlung seyn wird, so wird
also darin Allgemeines sich durch seine Besonderung
vermittelt haben. Eine solche Vermittelung aber gibt
uns den Begriff der c o n c r e t e n S u b j e c t i v i t ä t.
(Der Ausdruck Einzelheit ist nicht passend, da, was
der Sprachgebrauch mit diesem Worte bezeichnet, in
der That mit dem Momente der Besonderheit zusammenfällt). Es wird also das Resultat seyn, dass jene
Indifferenz zur concreten Subjectivität, oder, da jene
Indifferenz als solche blosse Substanz war, die Substanz zum concreten Subject geworden ist. Es war
aber jene Indifferenz die Geistigkeit, jene Substanz
g e i s t i g e Substanz, es wird also das Resultat jener
Selbstvermittelung seyn: G e i s t i g e s S u b j e c t. Allein dieses Resultat ist n o c h näher zu bestimmen.
„G e i s t i g e s S u b j e c t"; so scheint es, als wenn

diesem die Bestimmung der Objectivität gegenüber-
stünde, dieser Gegensatz aber ist, wie gezeigt worden 'ist, überwunden, so werden wir also haben ein
geistiges Subject, welches aber die Objectivität nicht
von sich ausschliesst, sondern mit 'objectiver Erfül-
lung, oder objective geistige Macht mit der Fórm
der Subjectivität, dies aber gibt uns den Begriff der
Persönlichkeit. Dies war der Weltgeist nicht,
weil er die Subjectivität von sich ausschloss, eben
so wenig war es die einzelne Person, die sich der
objectiven Macht verschloss. Persönlichkeit ist nur
in dieser concreten Einheit, daher, freilich bildlich,
Durchdringlichkeit (Liebe) als das Wesen der Persönlichkeit mit Recht angegeben worden ist. Als
Persönlichkeit ist aber was wir oben Geistigkeit nannten nicht mehr dieses Abstractum, sondern ist persönlicher Geist, nicht mehr Gottheit, sondern Gott.
Als Substanz war Gott nur an sich Gott; wirklich
Gott, oder als solcher gesetzt, ist er nur in diesem
Process, in welchem die Gottheit sich besondert und
sich mit sich zusammenschliesst. Jener Process selbst
wird also in nichts Anderem bestehen, als darin, dass
aus der göttlichen Substanz der persönliche Gott
wird, oder aus ihr als seiner Grundlage sich entwickelt, das Resultat desselben darin, dass die
Divinitas zum *Deus, Dominus* geworden ist, von dem
die Kirchenlehre spricht, wenn sie sagt: *non tres Dii,
sed unus est Deus, non tres Domini, sed unus est
Dominus.*

Diesen Schluss des göttlichen Lebens,
wie wir ihn nennen können, haben wir itzt in seinem

Verlauf anzusehn und in seinen einzelnen Momenten zu fixiren. (Es bedarf wohl dabei kaum einer
Erwähnung, dass wenn im Vorhergehenden und im
Folgenden von einem zuerst und hernach, war
und ist u. dgl. gesprochen wird, von einer zeitlichen
Succession nicht die Rede ist, wie denn auch das
kirchliche Symbol, nachdem es jenen Vorgang auseinandergesetzt, hinzuzufügen sich genöthigt sieht: *et
in hac Trinitate nihil prius aut posterius*.).

1. Jener Process also beginnt damit, dass die
geistige Substanz sich dirimirt, es steht also itzt die
Gottheit als Allgemeines sich als Besonderem gegenüber. Bleiben wir hier bei dem Urtheil
stehn, ohne sogleich zum Schluss fortzugehn, und
reflectiren hier auf den ersten *terminus*, der sich uns
ergeben hat, so ist dieser also: die Gottheit als Allgemeines; indem dieses aber das Besondere ihm
gegenüber hat, hat es dieses als sein Anderes
ausser sich, es ist also selbst eines, das von einem
andern gesondert ist, d. h. dieses Allgemeine ist eigentlich selbst ein Besonderes; dieser erste *terminus* ist also eigentlich nicht die Gottheit als nur
Allgemeines, sondern als solches Allgemeines, das
selbst Besonderes ist, also als eine Identität von Allgemeinheit und Besonderheit, d. h. als concrete Subjectivität. In dem Schlusse des göttlichen Lebens,
in welchem das Allgemeine durch die Besonderheit
sich zur concreten Subjectivität vermittelt, ist der
erste *terminus (terminus major)* selbst Schluss, selbst
concrete Subjectivität, im Werden Gottes zur Persönlichkeit das erste Moment selbst eine Persönlichkeit. —

Ist dies nun die nothwendige Consequenz unserer Begriffs-Entwicklung, so wird, um zu rechtfertigen, dass wir die christliche Religion als die Verwirklichung der absoluten Religion bezeichnet haben, gezeigt werden müssen, dass in derselben diese Consequenz gezogen wird. In der That tritt uns hier der Begriff jenes *terminus*, der selber Schluss ist, jenes Moments der göttlichen Persönlichkeit, das selber eine ist, in der dogmatischen Bestimmung der ersten **Person** des göttlichen Wesens, oder Gottes des Vaters entgegen. Diese ist nicht *pars seu qualitas in alio, sed quod proprie existit*, ist *persona*, πρόσωπον, ὑπόστασις, ὑφιστάμενον, ist *substantia individua*, nicht nur **Gottheit**, sondern **Gott**; *Deus, Dominus*. — Ziehen wir nun aus dem aufgestellten Begriffe Folgerungen, so ergibt sich für das Verhältniss dieser ersten Person zur göttlichen Substanz Folgendes: Wir haben gesehn, dass der Beginn jenes Processes und also auch das Werden des ersten Momentes in demselben nothwendig war, weil der Widerspruch, welcher im Begriff der geistigen Substanz lag, sie dazu brachte, sich als das zu setzen, was sie, bis dahin nur an sich, war. Ein solches aber durch den Widerspruch Vermitteltes sich selber heraussetzen gibt das Verhältniss des **Grundes** und der **Folge**. Grund ist, was durch den innern Widerspruch genöthigt, sich von sich selber abstösst, sich selber setzt. Eine logische Untersuchung dieser Kategorie aber zeigt, wie der Begriff des Grundes in seiner Vollständigkeit oder seiner eigentlichen Bedeutung nach eine nähere Bestimmung erhält. Der Grund setzt zunächt die Folge.

Damit steht diese ihm gegenüber als seine Negation, die Folge ist nicht der Grund. Damit setzt also eigentlich der Grund Eines, dessen Seyn sein (des Grundes) Nicht-seyn ist, d. h. er setzt sich selber negativ, hebt sich selber auf. Als auf seine Wahrheit weist darum das Verhältniss von Grund und Folge hin auf das — (oder in seiner Wahrheit wird es nur gedacht als das) —, wo der Grund nur Grundlage, nur Voraussetzung der Folge ist, d. h. wo der Grund nur als Negatives, zu Grunde gerichtetes der Folge zu Grunde liegt. Machen wir von diesem Satz, dessen Wahrheit die Logik ausführlicher darzuthun hat, die Anwendung auf unseren Gegenstand, so wird das Verhältniss der ersten Person im göttlichen Wesen zu der göttlichen Substanz seyn, dass diese letztere die blosse Grundlage — (den dunklen zu verklärenden Grund, um einen Ausdruck Schelling's zu brauchen) — für die erstern bildet. Nennt man nun ein Seyn, das auf einer Grundlage beruht, ein Existiren; so müssen wir in dem Ausdruck älterer Dogmatiker, welche das besondere Seyn der einzelnen göttlichen Personen mit dem Worte *existere* bezeichneten, dem *subsistere* gegenüber, mehr logische Schärfe anerkennen, als gewöhnlich geschieht. Die Person existirt, *exstat*, indem sie aus dem Grunde herausgesetzt ist; sie existirt aber *in se* oder *per se* indem sie sich heraussetzt. (Sollte sich etwa nachher zeigen, dass auch die andern *termini* in dem Grund-schlusse wieder Schlüsse, Persönlichkeiten sind, so wird dieser Begriff der *existentia* ihnen eben so zukommen, weil das Verhältniss jedes Process-Momentes zu der Indifferenz dasselbe seyn muss.) Indem aber in dem Existirenden die Grundlage, als aufgehobne, enthalten ist, folgt eben so unmittelbar daraus, dass die erste Person an den Prädicaten der Substanz participirt. Das Ausschliessen aller Causalität, das Unerschaffenseyn, die Ewigkeit u. s. w., die der Grundlage zukommt, kommt eben so auch dem zu, durch welches sie vorausgesetzt wird. Auch hier gilt, was von einer Person gilt von allen, sie sind *consubstantiales*, weil e i n e Substanz ihnen zu Grunde liegt, *increatae*, weil sie s i c h aus ihr heraussetzen u. s. w. — Waren bisher alle die Folgerungen gezogen, welche im Fall auch die anderen *termini* des in Rede stehenden Schlusses sich als ganzer Schluss erweisen sollten, von ihnen a l l e n gelten werden, so werden wir andrerseits in dem Gesagten auch finden müssen, was diesem *terminus* a l l e i n zukommen wird. (Dass trotz der Wesensgleichheit solche, den einzelnen Personen allein zukommende, Bestimmungen angenommen werden müssen, wird von der christlichen Religionslehre anerkannt, indem sie jeder derselben einen *character hypostaticus* oder *personalis* zuschreibt.) Sehen wir zu, was aus dem entwickelten Schlusse folgt, und wie sich dasselbe zu den Bestimmungen der Kirchenlehre verhält. Dieser Schluss ist kurz bezeichnet: das A l l g e m e i n e schliesst sich vermittelst der B e s o n d e r h e i t zur concreten S u b j e c t i v i t ä t zusammen. Der Ausgangspunkt in diesem Schlusse ist das Moment der Allgemeinheit, d. h. in jenem Process ist der Anfangspunkt der *termius major* des Schlusses. Nun aber ist der *terminus major* ja nichts

Andres als was eben als die erste Person bezeichnet wurde, es wird sich also das Verhältniss ergeben, dass in diesem Processe das Allgemeine (die erste Person) das von sich Ausgehende ist. Dieser Begriffsbestimmung aber correspondirt in der That die kirchliche Lehre, welche dem Vater im positiven Ausdruck die *aseitas,* im negativen Ausdruck die *innascibilitas* zuschreibt. Im Gegensatz gegen die anderen Personen wird diese bald als *Agennesie*, bald als *Apneustie* bestimmt. Was sonst noch zu dem *character hypostaticus* der einzelnen Personen gerechnet wird, kann, sofern es überhaupt von uns berücksichtigt wird, nur dort betrachtet werden, wo der Begriff der andern Personen fixirt ist.

2. In der Betrachtung jenes Processes waren wir zu dem Urtheil (im objectiven Sinne) gekommen, welches darin bestand, dass die Gottheit als Allgemeines sich als Besonderem gegenüber steht. Sehen wir nun, wie früher das Allgemeine, itzt dieses Besondere näher an: Es ist Besonderes, indem es dem Allgemeinen gegenübersteht; allein es ist nur Besonderes, indem die Gottheit als Allgemeines sich besonderte, also ist es nur besondertes Allgemeines, d. h. es ist Besonderes als mit dem Allgemeinen identisch, d. i. concrete Subjectivität. Es tritt uns also in dem zweiten *terminus* jenes Schlusses (oder so weit wir ihn betrachtet haben, Urtheils) gleichfalls eine Einheit der drei *terminorum*, d. h. der ganze Schluss entgegen. In dem Schlusse des göttlichen Lebens, welcher Gott ist, ist daher das zweite Moment selbst Gott, im Wer-

den seiner Persönlichkeit, dieses Moment selbst Persönlichkeit. Der aufgestellte Begriff entspricht nun ganz der religiösen Vorstellung von der zweiten Person in (oder aus) dem göttlichen Wesen, einer Vorstellung, die hier näher zu berücksichtigen ist. (Die religiöse Vorstellung muss als Vorstellung Alles was sie enthält als ein Fixirtes, Vereinzeltes festhalten. Als ein solches erscheint nun das, was wir mit dem Worte **Factum** bezeichnen, worunter wir Alles verstehn, was nicht weiter in seiner Nothwendigkeit entwickelt zu werden bedarf. Als ein solches Factum erscheint nun auch jene Entgegensetzung oder Besonderung in der religiösen Vorstellung, und zwar wird dieses Factum immer dargestellt als ein **Act**; den Mangel, der dadurch entsteht, dass so jene Besonderung den Character eines zeitlichen Geschehens bekommt, sucht die religiöse Vorstellung dann durch Widersprüche, die sie, mit Recht, begeht zu neutralisiren. Vgl. m. Abh. über **Widersprüche unter den christlichen Dogmen in Br. Bauers Zeitschr. f. specul. Theol.**) Der Act des Entgegensetzens, wie wir ihn bezeichnet haben, wird von der Kirchenlehre bildlich als **Sprechen**, oder als **Zeugung** bezeichnet, und daher die zweite Person, je nachdem eines oder das andre Bild festgehalten wird, bald **Wort**, bald **Sohn** genannt. Bei der ersten Bezeichnung schwebt die Vorstellung vor, dass im Worte der Mensch **sich** offenbart, sich selber wie Anderen *(loquere ut te videam)*, bei der zweiten, dass in der Zeugung nicht Untergeordnetes willkührlich geschaffen, sondern Wesensgleiches aus der eignen

Wesensfülle herausgesetzt wird, worin der Zeugende sich erkennt. Uebrigens hängen ihrem Begriffe nach wie Sprechen mit Denken, Wissen und Erkennen, so diese auch mit dem Zeugen zusammen *(nosse, nasci, naître, connaître,* γιγνώσκειν, γίγνειν, Erkennen, Zeugen, Bezeugen u. s. w.). Natürlich wird jener Act nicht als zeitlicher genommen: *ab aeterno genuit, et semper gignit et numquam desinet gignere.* — Jene Bilder sind deswegen so passend, weil sie in der That das Verhältniss, worauf es ankommt, richtig hervorheben: Als die mit sich identische Substanz, die jede Negation von sich ausschloss, war Gott, der sich selber und Anderen verborgene, er war das Dunkel, worin Nichts zu unterscheiden. Itzt aber in der Besonderung ist der Unterschied hineingetreten, und itzt ist zu unterscheiden, weil unterschieden worden. Durch die Besonderung tritt in jenes Dunkel das Licht, und es liegt ein tiefer Sinn darin, wenn einige Mystiker das Product jener Besonderung (den Sohn) als den Lucifer bezeichnen. Mit dieser Besonderung erst wird Gott für sich selbst, er wird sich selber offenbar, indem itzt erst er sich als sein eignes Object sich gegenüber hat. In dem Objiciren des Sohnes hat erst der Vater sein eignes Bewusstseyn, er kann sich erst itzt als Vater von dem Sohn unterscheiden, und so weiss er sich erst in und durch den Sohn. Darum muss gesagt werden, dass eigentlich erst dem Sohn gegenüber der Vater als volle Persönlichkeit ist. Es liegt dies in der Natur der Sache: Ein Subject kann nur seyn dem Object gegenüber, ohne Sohn (d. h. sein Object) ist also der Vater nicht Subject,

Persönlichkeit wiederum ist das Subject nur, indem
es objectiven Inhalt hat (d. h. mit dem Object identisch ist), also ist Gott erst wahrhafte Persönlichkeit
durch das Object, als das er sich selber setzt. In
ihm ist der Vater sich selber objectiv, und weiss
sich also erst. — Es scheint dies zuletzt Gesagte im
Widerspruche zu stehn mit einer früheren Behauptung (p. 74), dass nämlich der Vater zu fassen sey
als in sich und durch sich seyend, während itzt vielmehr er gefasst wird als in dem Sohn und durch
den Sohn seyend. Zweierlei ist hier zu bemerken:
Einmal, dass dort von dem Verhältniss des Vaters
zur göttlichen Substanz die Rede ist; ihr gegenüber
steht der Vater wie seiner Grundlage als das sich
aus ihr heraus- und sie voraus-setzende. Dieses
ihr gegenüber stehn ward als das *in se existere* bezeichnet. Hier dagegen ist von dem Verhältniss der
Personen zu einander die Rede, in diesem ist jede
nur durch die andern und vermittelst ihrer, was sie
ist. Die ältern Dogmatiker, deren Bestimmungen zu
verlachen oft leichter ist, als sie zu begreifen, unterscheiden daher das *existere* und *subsistere*. Der
Vater existirt nur durch sich, allein er subsistirt
durch den Sohn. [Auch hier streift der Ausdruck
ganz nahe an die exacte Begriffsbestimmung, der
Vater ist ein *substans* (ὑφιστάμενον, ein verwandter
Begriff mit ὑποκείμενον, dessen Uebersetzung eben
subjectum ist) nur vermittelst des Sohnes. Wir sagten,
nur vermittelst des Sohnes weiss er sich, und ist,
als Subject]. Das Zweite, was hier gegen den
Einwand anzuführen ist, wäre, dass wir, wenn wir

zuerst nur auf den ersten *terminus* reflectirten (p. 72), dies doch nicht geschah, weil damit der zu betrachtende Process schon beschlossen war, sondern wir unterbrechen ihn um zu fixiren, was wir an dem ersten *terminus* haben. Nun ist es ja aber derselbe Act des Sich-Besonderns, dessen Betrachtung uns hier den zweiten *terminus* finden liess. Wenn wir also dort sagten: In dem Sichbesondern sey der Vater concrete Subjectivität, und itzt: erst indem er sich in seinem Object weiss, ist er es, so ist ja nicht das Sich-Besondern (Objiciren) ein Früheres, das Object ein Späteres, sondern Eines nur mit dem Andern. Dass es ei'n Act ist: das Sich-Erkennen des Vaters und das Erzeugen des Sohnes, wird noch in einer andern Weise erhellen, und zugleich zu wichtigen Folgerungen führen: Es hat sich uns der *terminus medius* in dem Schlusse des göttlichen Lebens als Schluss erwiesen. Als welcher? Wir sahen, dass darin das besonderte Allgemeine concrete Subjectivität ist, d. h. dass das Allgemeine vermittelst der Besonderheit concrete Subjectivität ist. Wir haben also ganz denselben Schluss wie oben beim *terminus major,* es ist logisch ausgedrückt ein Schluss, welcher uns im *terminus major* und im *terminus medius* entgegentritt. Als ein Factum ausgesprochen ist es ein Act, durch welchen der Vater Vater, der Sohn Sohn ist. — Ganz wie oben ist auch hier der Ausgangspunkt das Moment der Allgemeinheit, der *terminus major;* war nun aber dieser, wie gezeigt ist, der Vater, so werden wir also erkennen, dass hier der *terminus medius,* die zweite Person, der Sohn, **nicht** von sich ausgeht wie der Vater, sondern vielmehr von diesem. Wenn also die kirch‑ liche Lehre **nur** dem Vater die *Agennesie* zuschreibt, oder im Verhältniss zum Sohn die *paternitas*, dem Sohn dagegen, weil er *generatus*, *genitus* ist, die *filiatio*, so ist der besondere *character hypostaticus*, welcher die zweite Person von der ersten unterschei‑ den soll, nichts weniger als eine müssige Spitzfindig‑ keit, sondern ergibt sich aus dem aufgestellten Be‑ griffe nothwendig.

In dem **Wort** also (hier zunächst nur im Sinne des λεγόμενον genommen) ist die Gottheit **offenbar** worden. Darum ist es eben dieses zweite Moment‑ in dem göttlichen Leben, welches (oder durch welches) allein Gott **gewusst** wird. Der nicht offenbare Gott kann (es ist dies eine Tautologie) nicht gewust seyn, gewusst wird nur seine Offenbarung oder er in seiner Offenbarung. Ausser dieser ist er der nicht Gewusste, Verborgene. (Θεὸν οὐδεὶς ἑώρακε πώποτε. —) Gewusst wird er nur durch die Offenbarung Gottes, und in ihr. (Οὐδεὶς ἔρχεται πρὸς τὸν πατέρα εἰ μὴ δι᾽ ἐμοῦ. — Καὶ ὁ θεωρῶν ἐμὲ, θεωρεῖ τὸν πέμψαντά με.) Ist nun Reli‑ gion nichts Andres als Gewusstwerden Gottes, so ist in der That sie nur möglich durch dieses zweite Mo‑ ment in dem göttlichen Wesen und der älteren Lehre von dem *Logos spermaticus* liegt daher eine ganz richtige Erkenntniss zu Grunde. Nämlich wenn Re‑ ligion nur ist, wo Gott offenbar ist, so ist der Sohn, die Offenbarung Gottes, die Religion *in nuce*. Daher kann Daub in seinen Theologumenen die Ueberschrif‑ ten *de filio* und *de religione* durch *sive* verbinden.

Der Sohn ist das Manifestwerden Gottes, daher ist er die δόξα ϑεοῦ, als solcher wird er bezeichnet, wenn Gott der Vater der δόξα genannt wird, er ist die *Schechina* Gottes. Wo darum Gott erkannt wird, ist der Sohn; Abraham hat seinen Tag gesehn, und mit Recht lässt Johannes in seinem Prolog ihn von den Juden vor seiner menschlichen Erscheinung aufgenommen werden, und wo Jesaias den Herrn Zebaoth gesehn hat, bezieht dies Johannes auf ihn. Alle Religion ist also Wissen jenes zweiten Momentes, oder Wissen der Offenbarung Gottes; sollte darum in derselben sich eine Vielheit von Momenten erkennen lassen, so wäre auch die Möglichkeit erkannt verschiedener Weisen Gott zu wissen, welche nicht unwahr sind, weil sie Gott als das wissen, was er wirklich ist, und doch auch nicht wahr, weil sie Gott nur als das wissen, was ein Moment seines Lebens ist. Diese verschiednen Momente in dem Begriffe des gewussten oder offenbaren Gottes werden sich uns zeigen, wenn wir nun zusehn, was nach der gegebnen Entwicklung das Wort, oder der offenbarte Gott, eigentlich ist? —

a) Es ist die Objectivität Gottes; aber diese Objectivität ist mit dem göttlichen Subjecte identisch. Das Wort ist also erstlich Einheit von Subjectivität und Objectivität. Eine solche Einheit aber ist, wie die Logik das zu zeigen hat: Idee, Vernunft, *Logos*; es wird darum gesagt werden müssen, die logische Idee ist ein wesentliches Moment im göttlichen Leben, Gott, als gewusst, ist wesentlich die logische Idee, oder Gott kann als logische Idee gewusst werden. Wird Gott nur als logische Idee gewusst, so gibt das einen logischen Pantheismus, wie er mit Unrecht Hegel, mit Recht vielen Hegelianern vorgeworfen wird. Die Unrichtigkeit desselben besteht in seiner Einseitigkeit, darin nämlich, dass die logische Idee nur ein Moment ist im Gewusstwerden Gottes, (ein Moment eines Moments seines Lebens). Die christliche Religion agnoscirt diese Bestimmung als ein wesentliches Moment. Wenn die offenbar gewordne Gottheit sich die Wahrheit nennt, wenn einmal von dem Sohn und dann wieder von der Wahrheit gesagt wird, dass sie frei mache, so ist die Identität beider Ausdrücke darin gegeben. Nun aber ist Wahrheit nichts Andres als gewusste Vernünftigkeit, d. h. Idee. Indem also Vernunft, Idee, gewusst wird, wird ein Moment des göttlichen Lebens selber gewusst. Nach diesem werden wir also den Logos Gott nennen können ($\vartheta\varepsilon\grave{o}\varsigma$ $\tilde{\eta}\nu$ $\acute{o}$ $\lambda\acute{o}\gamma o\varsigma$).

b. Das Wort war also erstlich *Logos, Idea Dei.* Indem aber doch der Logos das Gott Ob-jicirte ist, hat er zugleich die Bedeutung, das Gott Gegenüberstehende, das Andere Gottes oder Gott in seinem Andersseyn zu seyn. Die Offenbarung Gottes, oder der Logos, die Vernunft, als das Andere Gottes, ist was wir Welt nennen. Unter dieser wird nicht verstanden ein blosses Aggregat oder eine vernunftlose Vielheit, sondern ein System, eine Ordnung ($\varkappa\acute{o}\sigma\mu o\varsigma$). Diese Welt, die ein Moment des göttlichen Wesens ist, diese Welt in Gott, ohne die Gott eben so wenig Gott ist, wie ohne den Sohn, ist nun das, was als $\varkappa\acute{o}\sigma\mu o\varsigma$ $\nu o\eta\tau\grave{o}\varsigma$ bezeichnet worden ist. Wenn Philo den Sohn als $\varkappa\acute{o}\sigma\mu o\varsigma$ $vo\eta\tau\grave{o}\varsigma$ fasst, und deswegen die Welt als den $\mu ovo\gamma\epsilon v\grave{\eta}\varsigma$ bezeichnet, so liegt sein Irrthum nicht darin, dass er den *Logos* so fasst, sondern in dem, wodurch er die darin enthaltne Wahrheit entstellt. Dies geschieht theils dadurch, dass er den *Logos* nur als $\varkappa\acute{o}\sigma\mu o\varsigma$ $vo\eta\tau\grave{o}\varsigma$ nimmt, und daher Gott nur die Welt und nicht zugleich s i c h denken lässt, dann was damit zusammenhängt, dass ihm der *Logos* nicht wirklich Gott ist, sondern nur $\varkappa\alpha\tau\alpha\chi\varrho\acute{\eta}\sigma\epsilon\iota$ so genannt wird. Philo steht hier noch zu sehr auf dem jüdischen Standpunkte. Der Gott, der sich auf Sinai verhüllt, und dessen Sitz selbst im Allerheiligsten die Rauchwolken verbergen müssen, hat das Princip der Offenbarung noch nicht so in sich aufgenommen, dass es als wesentliches Moment seines Lebens anerkannt werden könnte. Jehovah ist noch nicht Vater. Betrachten wir aber diese Welt in Gott genauer, so ist sie als ein wesentliches Moment des göttlichen Lebens nicht ein durch Willkühr etwa Gesetztes, sondern als das dem Setzenden consubstanzielle (s. p. 78) g e z e u g t, *genita, nata*, nicht *creata.* Wir müssen also den Begriff der Welt näher so bestimmen, dass wir sagen, nach dem eben Hervorgehobnen kann und muss Gott zweitens gewusst werden als Welt, die nicht *creatura* ist, sondern *n a t u r a (genitura).* Natur zu seyn ist deswegen ein wesentliches Moment im göttlichen Leben, und Schellings Satz: Gott ist wesentlich die (ideale) Natur, ist deswegen ganz richtig. Weil Gott die Natur wirklich ist, deswegen also kann auch Gott als blosse Natur oder die Natur als Gott gewusst werden. Dies geschieht in den Naturreligionen. Ihre Wahrheit besteht darin, dass Gott wirklich die Natur ist, ihre Unwahrheit, dass sie die Natur als die eigentliche Realität Gottes nehmen, anstatt sie als nur ideelles Moment in ihm zu fassen. Oder anders ausgedrückt: Anstatt der Wahrheit, dass Gott κόσμος νοητός ist, sprechen sie die missverstandne Wahrheit aus, dass der κόσμος αἰσθητός Gott sey. Wäre in dieser Fassung nicht die Wahrheit, wenn auch verkehrt, enthalten, so wäre in den Naturreligionen nur Lüge, itzt ist in ihnen halbe Wahrheit, damit freilich Unwahrheit enthalten. Dies ist der Grund, warum die Religionsphilosophie auch die Naturreligionen als Stufen zur Erreichung der absoluten Religion betrachtet und in ihnen die Keime derselben anerkennt. (Der Keim der Wahrheit ist nichts Anderes, als die Wahrheit in ihrer Unwahrheit). — Es entsteht aber hier nun wiederum das Bedürfniss, nachzuweisen, dass nicht nur unsere Reflexion in jenen Ansichten Wahrheit anerkennt, sondern dass auch in der christlichen Religion selbst das Bewusstseyn darüber Statt findet, dass der *Logos* die Welt sey, diese immer in dem oben angedeuteten idealen Sinne genommen. Wir begnügen uns hier damit, eine einzige Schriftstelle anzuführen, zu denen übrigens viele Parallelstellen gefunden werden können. (Ziemlich vollständig findet man diese beisammen in einer geistreichen Schrift Franz v. Baaders, die einen verwandten Gegenstand behandelt: Ueber den Paulinischen Begriff des Versehenseyns des Menschen im Namen Jesu vor der Welt Schöpfung. Würzburg 1837. im dritten Sendschreiben). Wenn der Apostel Col. 1, 15. den Sohn Gottes zuerst bezeichnet als *εἰκὼν τοῦ θεοῦ τοῦ ἀοράτου*, dann aber als *πρωτότοκος πάσης κτίσεως*, und dieses so erläutert: *ὅτι ἐν αὐτῷ ἐκτίσθη τὰ πάντα τὰ ἐν τοῖς οὐρανοῖς καὶ τὰ ἐπὶ τῆς γῆς, τὰ ὁρατὰ καὶ τὰ ἀόρατα, εἴτε θρόνοι, εἴτε κυριότητες, εἴτε ἀρχαὶ εἴτε ἐξουσίαι*, so tritt uns hier eine Vorstellung entgegen, welche mit der Philonischen, nach welcher der *Logos* als der *λόγος γενικώτατος* alle andern *λόγους* in sich enthält, in naher Beziehung steht. Ja, indem in dem Sohne Gottes (nicht nur d u r c h ihn, wie Luther übersetzt,) die *θρόνοι* und die *κυριότητες* geschaffen sind, fällt uns unwillkührlich, wie eine Parallelstelle, Plotins Lehre ein, nach welcher der *νοῦς* alle Dinge als *νοητὰ*, und eben deswegen, in Weise der Unsterblichkeit, alle intelligiblen Götter, alle Geister, alle Seelen u. s. w in sich enthalte, und in dem deswegen die Welt ihr wahres und e w i g e s Seyn habe. Was wir also als eine wesentliche Bestimmung des Sohnes Gottes oder der Offenbarung Gottes erkannt haben, sehen wir auch von der christlichen Religionslehre als solche agnoscirt. Es wird in ihr, um einen Baaderschen Ausdruck zu brauchen, Gott nicht als Natur-los gewusst, wohl aber als Natur-frei, weil die Natur eignes immanentes Moment des göttlichen Lebens ist, wesentlich zum Selbstvermittelungsprocess Gottes gehört, der ohne sie nicht denkbar ist.

c. Der Logos also ist die Natur (in Gott). Nun aber ist er doch, wie wir gesehn haben, nichts andres als der gewusste G o t t, das Ebenbild Gottes, und als solches mit Gott identisch. Es wird also endlich der

Logos seyn, und also gewusst werden, als der Coincidenzpunkt von Natur und Gott. Dieser Coincidenzpunkt nun ist das, was eben sowol Welt oder Natur (als Mikrokosmus) ist, als auch Gott (als der Gott im Kleinen), d. h. der endliche Geist, der Mensch. Gott ist wesentlich Mensch, es gehört zu seinem Begriff Mensch zu seyn, möge man nun dieses Moment in ihm Menschheit, ideale Gemeinde, Adam Kadmon, Urmensch nennen, allen diesen Bezeichnungen liegt dies ganz Richtige zu Grunde, dass Gott ohne Menschheit nicht Gott wäre, und dass eben so die Menschheit, ohne die er nicht Gott wäre, gefasst werden muss als die von der äusserlich erscheinenden Menschheit unterschiedne in Gott seyende, die sich zu jener verhält wie der $\varkappa\acute{o}\sigma\mu o\varsigma \ \nu o\eta\tau\grave{o}\varsigma$ zum $\varkappa\acute{o}\sigma\mu o\varsigma \ \alpha\vartheta\sigma\vartheta\eta\tau\grave{o}\varsigma$. Ohne diese Menschheit wäre Gott nicht, also bedarf er derselben. Nur in der Identität mit der Menschheit, d. h. als Gott-Mensch, ist Gott wirklich Gott. Es ist daher die richtige Einsicht in dieses Verhältniss, welche sich dagegen sträubt, die Grundlehre des Christenthums, die Einheit Gottes und der Menschheit als ein bloss zeitliches Factum anzusehn, als sey Gott nur ein Mal Mensch gewesen, indem er es geworden sey. Einer solchen Ansicht gegenüber kann Schelling sagen: die Menschwerdung Gottes ist eine Menschwerdung von Ewigkeit, ja kann er dazu kommen, den spècifischen Unterschied der Wishnu-Incarnationen ignorirend, in diesen eine grössre Wahrheit zu sehn, als in der Lehre der christlichen Missionarien, die von einer einmaligen Menschwerdung sprechen.   akadem.

Stud. 192. 195. Es ist eben dieselbe richtige Ansicht, welche sich dagegen sträubt, dass die Einheit Gottes und der Menschheit ohne innere Nothwendigkeit Gottes gesetzt, nur durch Etwas ausser Gott, durch etwas Zufälliges (den Sündenfall etwa) postulirt seyn solle. Einer solchen Behauptung gegenüber hält z. B. Thomas v. Aquino fest, dass auch ohne den Fall die Incarnation Statt gefunden hätte. Das Verhältniss zwischen der einmaligen Menschwerdung und der ewigen Einheit Gottes und der Menschheit ist darum nicht, wie Einige sich's zu denken scheinen, dies, dass Gott und Menschheit identisch seyen, weil Gott einmal Mensch geworden, sondern vielmehr musste Gott, und konnte Gott nur, einmal Mensch werden, weil er ewig Mensch ist. Endlicher Geist, Mensch, zu seyn, ist die ewige, d. h. im Begriffe Gottes liegende Bestimmtheit seines Wesens (vgl. p. 38). Ist aber dies, so wird Gott nur dann wahrhaft und richtig gewusst, wo er als Mensch, als endlicher Geist gewusst wird. Umgekehrt aber, wo Gott als endlicher Geist gewusst wird, werden wir Wahrheit, wo er etwa nur als endlicher Geist gewusst wird, wenigstens halbe, unvollendete Wahrheit anerkennen müssen. Dieses aber geschieht in den endlichen geistigen Religionen, in welchen wir eben deswegen, bei der Realisation des Begriffes der Religion angelangt, eben so Anfänge der Wahrheit, Durchgangsstufen zu ihr anerkennen müssen, wie in den Naturreligionen. Wäre Gott nicht endlicher Geist, so müssten wir in den Religionen, welche das menschliche Individuum, oder welche den Volksgeist, oder welche den Weltgeist

als das Absolute ansehn, Nichts als Lüge, blosse Ab-
götterei erkennen. Itzt aber, wo wir erkannt haben,
dass was diese Religionen als die einzige Bestimmung
Gottes fassen zwar nicht dies, doch aber eine wirkliche Bestimmung desselben ist, muss die Religionsphilosophie in ihnen die *stamina* der Wahrheit agno-
sciren. Haben wir darum oben p. 41 gesagt, dass die
andern Religionen Elemente des Christlichen in sich
trügen, so haben wir itzt erkannt, wie diese Elemente, eben weil sie dort das Ganze bilden, in ihnen
und in der absoluten Religion verschieden sich gestalten. Diese enthält was an jenen wahr ist, aber
noch mehr als dies. — Auch hier entsteht dann
endlich die Frage, ob wohl die zeitliche Erscheinung
der absoluten Religion, die christliche Religion, auch
das Bewusstseyn darüber habe und ausspreche, dass
ihr Verhältniss zu den endlichen geistigen Religionen
so sey, wie es hier bestimmt ward. Sahen wir nun
in der beschriebnen Weise den Inhalt der Naturreligion von der christlichen Lehre agnoscirt und sich
einverleibt, so müsste es uns sehr wundern, wenn
nicht noch entschiedner dies hinsichtlich d e r Religionsform geschähe, welche um so viel höher steht,
als jene, wie der Geist höher steht, als die Natur.
In der That finden sich auch der Stellen, welche den
endlichen Geist, die Menschheit oder die Gemeinde
als eine Bestimmung des göttlichen Wesens fassen,
viel mehrere, als die von dem Complex der Schöpfung
dies sagen. Auch hier begnügen wir uns damit, nur
das Schlagendste anzuführen, indem wir abermals
auf die Schrift von Baader verweisen. Es tritt uns

aber dieser Begriff des *Deus filius* als der Menschheit oder als der Gemeinde fast in allen den Stellen entgegen, wo von einer ewigen Berufung zur Gemeinde die Rede ist. Wenn der Apostel uns erwählt seyn lässt in ihm vor der Gründung der Welt, oder wenn er die Gnade, die itzt offenbar worden sey, gegeben seyn lässt in Christo Jesu von Ewigkeit her, wenn wir dabei dies festhalten, dass in Christo Jesu seyn der Ausdruck ist, dessen er sich bedient, um die zu bezeichnen, die zur Gemeinde gehören, so sehen wir hier deutlich einmal die Gemeinde als ewige gefasst, dann aber diese als identisch gefasst mit dem Sohn Gottes. Wie dieser darum in der oben angeführten Stelle bezeichnet war als der Erstgeborne der Schöpfung, weil er die Schöpfung in sich concentrirt, so tritt uns auch wiederum die Bezeichnung entgegen, welche ihn den Erstgebornen der Gemeinde ($\dot{\epsilon}\nu$ $\pi o\lambda\lambda o\tilde{\iota}\varsigma$ $\dot{\alpha}\delta\epsilon\lambda\varphi o\tilde{\iota}\varsigma$) seyn lässt, offenbar in ganz demselben Sinn. (Es ist hiebei characteristisch, dass in diesen Stellen nicht etwa nur die Würde bezeichnet wird ($\dot{\epsilon}\nu$ $X\varrho\iota\sigma\tau\tilde{\omega}$), sondern immer der Name des menschlichen Individuums, so dass der Gottmensch wie er nachher in dem Dogma vom Sitzen zur Rechten Gottes als die Zukunft erfüllend, so hier als in der ewigen Vergangenheit real seyend gedacht wird). Der Sohn also ist eben so der endliche Geist wie er die Natur war, er ist die Menschheit in Gott. Ist es nun aber der Sohn, oder der *Logos*, in dem Gott sich weiss, ja in dem er sich allein weiss (weil ja der Logos der gewusste Gott ist), so sehen wir, was es mit dem Vorwurf für eine Bewandniss hat, der in unsern Tagen der Philosophie so häufig gemacht wird, nämlich dass nach ihr Gott sein Selbstbewusstseyn in der Menschheit, und zwar n u r in der Menschheit habe, so dass er also erst in ihr zum Bewussteyn komme. Was nun diesen Vorwurf betrifft, der unter den vielbesprochnen Fragen nach der Transscendenz oder Immanenz Gottes in unsern Tagen eine so wichtige Rolle spielt, so kann, die Sache richtig verstanden, die Philosophie sich diesem Vorwurf nicht entziehn; versteht man die Sache aber recht, so möchte auch kaum ein Vorwurf darin liegen. Wollen wir unsrer ganzen Entwicklung nicht untreu werden, so werden wir sagen müssen: da sich gezeigt hat, dass der Logos die Menschheit, oder der Mensch ist, zugleich aber, dass Gott in dem Logos allein sich weiss, so muss zugestanden werden, Gott weiss sich nur in dem Menschen, kommt in ihm zum Bewusstseyn seiner selbst. Ja noch mehr, da sich im Menschen wissen offenbar, weil der Mensch nicht ein bloss reflectirender Spiegel ist, nichts andres heissen kann als: von dem Menschen gewusst werden, so werden wir behaupten müssen: Gott ist sich seiner nur bewusst und weiss sich nur so, und in soweit, als er vom Menschen gewusst wird, und da nur im Sichwissen die Persönlichkeit bestehen kann, so ist Gott Persönlichkeit nur in dem Wissen der Menschheit und durch dasselbe. Es entsteht aber hier sogleich die Frage, was denn hier unter dem Menschen oder der Menschheit zu verstehn sey? Natürlich kann hier nur darunter verstanden werden die Menschheit wie wir sie entwickelt haben, d. h. die Menschheit in Gott

(wie von dieser die Menschheit ausser Gott unterschieden ist, darauf kommen wir nachher). Jene Sätze
gelten darum ganz unzweifelhaft, sie gelten aber nur
von d e m Menschen oder der Menschheit, die in dés
Vaters Schoosse sitzt, oder von d e m M e n s c h e n,
von dem der Apostel sagt, wir hätten an ihm einen
Fürsprecher, kurz von der ewigen Menschheit, der
idealen Menschheit. ·Was diese i s t, das w i r d die
erscheinende Menschheit, wir haben deswegen zu
w e r d e n, was jener Mensch i s t. (Nicht etwa Chri-
stianér, sondern jeder soll — Christ werden, indem
er an den — Christ glaubt.) Weil Gott n u r in d e m
Menschen (des Menschen Sohn) sich weiss, deswegen
weiss er sich auch in d e n Menschen (d e r Menschen
Kindern), und dieses Dilemma, welches unvermeid-
lich scheint, dass e n t w e d e r geleugnet werden müsse,
Gott komme in der Menschheit zum Bewusstseyn
(womit zugleich auch alle Persönlichkeit Gottes geleugnet würde), o d e r alle Transscendenz Gottes aufgegeben werden müsse, besteht nur so lange, als
durch eine Subreption was von der ewigen Menschheit gilt auf die zeitlich existirende, was von der
vollendeten Menschheit gilt auf die werdende angewandt wird. In diesem Falle kommt man entweder
auf einen extramundanen und dabei unlebendigen
Gott, wie dies bei manchen orthodox genannten Ansichten der Fall ist, oder man wirft sich einer mo-
dernen Form des Pantheismus in die Arme, welche
Gott im Geschöpf drauf gehn lässt, und endlich zu
solchen Consequenzen getrieben wird, dass die Geburt
eines jeden Menschenkindes eine Incarnation Gottes,

und daher diese nichts weiter als jene sey. Man
wird — wie sich dies nachher noch deutlicher zeigen
wird — zu einer Unterscheidung zwischen der ewigen
Menschheit und der zeitlich existirenden getrieben.
Die religiöse Vorstellung, welche immer, wo ein
solcher Unterschied fixirt werden soll, das Ewige
oder Ideale, als Zukünftiges fasst, thut dies auch in
der Vorstellung, die ihren theologischen Ausdruck in
der Lehre von der *ecclesia triumphans* erhalten hat.
Sie spricht es nämlich als die Zukunft der Menschheit, oder des Geisterreichs, aus, dass Gott sich ganz,
adäquat, in ihr wissen werde, so dass Gott dann
Alles in Allem s e y n w i r d. Der Gedanke in jener
Vorstellung ist, dass die sinnlich existirende Menschheit n i c h t die adäquate Erscheinung Gottes ist, sondern d e r Mensch, der da war und der da ist und
der da seyn wird in Ewigkeit.

Ich kann hier nicht umhin der geistreichen Weise
zu erwähnen, in welcher Vatke der Schwierigkeit,
welche hierin liegt, zu entgehen sucht. Da er das
Verhältniss zwischen Gott und Geisterwelt als ein
wesentliches und lebendiges fasst, so muss er in dieser die Erscheinung und zwar die adäquate·Erschei-
nung Gottes erkennen, worin wir mit ihm einverstanden sind. Zugleich aber hat er das Bewusstseyn,
dass die auf Erden existirende Menschheit als beschränkt und endlich nicht als eine adäquate und er-
schöpfende Erscheinung Gottes angesehn werden kann,
worin wir eben so mit ihm einverstanden sind. Als
eine solche sinnliche Schranke erkennt nun Vatke,
dass die irdische Menschheit in einer z e i t l i c h e n

Entwicklung begriffen sey, und um sich nun der Consequenz zu entziehn, dass also auch das Selbstbewusstseyn Gottes ein zeitlich werdendes sey, nimmt er an, dass die von der irdischen Menschheit erst zu verwirklichenden Stufen, als bereits wirklich gewordne, in anderen Regionen der Geisterwelt existirten, so dass, indem die verschiednen Entwicklungsstufen als simultan gefasst werden, sehr wohl gesagt werden kann, Gott habe sein Selbstbewusstseyn in den endlichen Geistern und nur in ihnen, ohne dass man darum einen zeitlich erst werdenden Gott anzunehmen genöthigt wäre. Mit dieser Auskunft entsteht aber nothwendig eine andre Schwierigkeit. Es wird darin Gott den Schranken der Zeitlichkeit enthoben, indem man die Kategorie der Gegenwärtigkeit oder Simultaneität auf ihn anwendet. Es ist auch nicht zu leugnen, dass in der Gegenwart die Zeit aufgehoben ist, allein wir haben itzt näher zuzusehn, wie darin die Zeit aufgehoben ist. Es möchte sich bei einer näheren Erörterung des Zeitbegriffes zeigen, dass die Behauptung, die in unsern Tagen so häufig, z. B. noch von Conradi in seiner geistreichen Schrift ausgesprochen wird, dass die Gegenwart das eigentliche Element des Geistes sey, so sehr sie Recht hat in ihrer Polemik gegen die Vergangenheit und Zukunft, dennoch auf einem Missverständniss beruht. Der Betrachtung der Zeit ist es sehr hinderlich gewesen, dass man eine Analogie mit dem Raume hat finden wollen, wo sie nicht Statt findet. Ich meine hier die oft ausgesprochne Behauptung, dass die Zeit gleich dem Raume drei Dimensionen habe. Dies ist nicht der Fall. Zunächst hat die Zeit, als das blosse Nacheinander, als der Uebergang von Vergangenheit zu Zukunft, nur eine Dimension und zu ihrem räumlichen Bilde die Linie. Als dieser Uebergang von Vergangenheit zur Zukunft ist sie derselbe Widerspruch, wie das Werden, dessen sinnliche Erscheinung sie ist, und dessen beide Momente Vergehen und Entstehen von der Sprache, wie dem allgemeinen Bewusstseyn, mit den beiden Zeitkategorien zusammengestellt werden. Vergangenheit und Zukunft sind Jedes das Andre des Andern, jedes hört an dem Andern auf. Zugleich aber ist jedes das Andre seiner selbst, indem es seine Bestimmung ist, in das Andre überzugehn. Indem jedes sein Andres, zugleich aber sich selber aufhebt, hebt sich die Zeit eben so auf wie das Werden. Wie aber das Resultat dieses Aufhebens bei dem Werden aufgehobnes Werden, d. h. Gewordnes ist, so fragt sich, was wird uns aus dem Sichaufheben der Zeit für ein Begriff ergeben? Die Zeit als aufgehobne, darum als zur Ruhe gekommene, fixirte, gibt uns den Begriff des Gegenwärtigen, oder Dauernden, d. h. in der Zeit (dem Nichtseyn) Seyenden. Gegenwart wie Dauer ist deswegen Negation der Zeit. (Hierin liegt der Grund, warum man, wenn von Ewigkeit die Rede ist, die Zuflucht immer zur Vorstellung der Gegenwart oder der Dauer (Sempiternität) nimmt. Das *tertium comparationis* ist, dass darin die Zeitlichkeit, der blosse Uebergang negirt ist. Man vergisst aber dabei, dass in der Gegenwart und Dauer der Uebergang überhaupt geleugnet ist, während die Ewigkeit dort ist, wo Uebergang ist,

aber Uebergang zu sich selbst.). Betrachten wir aber
den Begriff des Gegenwärtigen, so haben wir aufgehobne Unruhe, also Beharren, ruhiges Bestehn, und
zwar da jene Unruhe äusserliche war, auch nur ein
äusserliches ruhiges Bestehn. Dieses ist aber Räum-
lichkeit, und so werden wir sagen müssen, Gegenwart ist aufgehobne Zeit, weil die Zeit als Negation des Raums, darin wieder räumlich geworden ist.
Es ist darin die Zeit nur auf sinnliche Weise negirt.
(Die Sprache spielt hier sehr sinnig: *praesens*, παρόν,
gegenwärtig, sind eben sowol räumliche als zeitliche
Bestimmungen, *durus* und *durare*, vielleicht auch hart
und harren hängen zusammen). Wenn darum den
Geist in der Vergangenheit oder Zukunft suchen ihn
zeitlich machen heisst, so wird er dagegen, wenn
man ihm Gegenwart, Simultaneität zuschreibt, in etwas
Räumliches verwandelt. Diese zweite Dimension der
Zeit, so könnte man sie nennen, ist eine Raumbestimmung. Will man deswegen sagen, Gott habe
simultan sein Bewusstseyn in den verschiednen Entwicklungsstufen des endlichen Geistes, so muss er
der Raumbestimmung unterliegen. Vatke entzieht sich
dieser Consequenz durchaus nicht, indem er den auf
andern Entwicklungsstufen stehenden Geistern die andern Himmelskörper zum Wohnsitz anweist; es ist
aber nicht recht einzusehn, wenn man das Bewusstseyn
Gottes der Raumbestimmtheit unterliegen lässt,
warum man es dann nicht auch will zeitlich werden lassen. So sehr wir darum Vatke darin Recht
geben, dass er dem oben geschilderten Pantheismus
gegenüber in eine andre mehr umfassende Mensch-

heit das Selbstbewusstseyn Gottes setzt, als die sinnlich auf Erden existirende, so wünschten wir doch an die Stelle der ganzen simultan existirenden und also gegenwärtigen, dauernden Geisterwelt die ewige gesetzt, die man nun ideale oder Ur-Menschheit nennen mag, die nicht die auf Erden und auf andern Himmelskörpern existirende ist, sondern die ihr Seyn hat, um einen Ausdruck Leibnitz's zu brauchen, in der *regio idearum*. Von dieser Menschheit haben wir nachgewiesen, dass Gott in ihr und nur in ihr sein volles Selbstbewusstseyn hat. Sie ist das zweite Moment in dem Werden desselben.

3. Dieses Werden aber der göttlichen Persönlichkeit haben wir bis jetzt, da wir noch immer bei der Diremtion, dem Urtheil stehen, damit die beiden ersten *termini* in ihrer Bedeutung leichter fixirt würden, nicht zum Schluss kommen lassen. Thun wir dies, so haben wir bereits oben (p. 70) die Formel angegeben für das Resultat, zu welchem wir kommen. Der Process nämlich des göttlichen Selbstbewusstseyns, oder der Schluss des göttlichen Lebens, sollte darin bestehn, dass die Gottheit ihre blosse Allgemeinheit aufhebt, indem sie sich in die Besonderheit setzt, dann aber durch Aufheben dieser sich mit sich selber vermittelt. So also erweist sie sich als Schluss, und hatten wir zur Entwicklung des ersten und zweiten *Terminus* das Urtheil betrachtet: dass der Gottheit als Allgemeinem sie als Besonderes gegenüber stand, so werden wir weiter gehend vielmehr zu diesem Resultate fortschreiten müssen: die Gottheit schliesst sich zur Identität von Allgemein-

heit und Besonderheit mit sich zusammen. Damit ergibt sich uns nun ein dritter *terminus* in dem Schlusse des göttlichen Lebens. Dieser *terminus* ist aber, näher betrachtet, eben wie die ersten Beiden, selber ein Schluss. Denn da in ihm ja die Allgemeinheit durch die Besonderheit sich zusammenschliesst, und also concrete Subjectivität ist, so haben wir hier einen Schluss und zwar ganz denselben Schluss, den wir bereits oben gehabt haben (p. 72 u. 80). Wir werden also auch von dem dritten *terminus* im Schlusse des göttlichen Lebens sagen müssen, dass er Schluss, vom dritten Momente im Personwerden Gottes, dass es Persönlichkeit ist. Diese dritte Person im göttlichen Wesen, wie die Kirchenlehre sie nennt, ist darum *Deus*, *Dominus*, es wird von ihr, weil es derselbe Schluss ist, der ihr und der andern Personen Wesen ausmacht, gesagt, dass sie durch denselben Act, der die andern Personen setzt (daher *coaeterna*), dass sie ihnen nicht untergeordnet, sondern ihnen gleich sey *(talis pater, talis filius, talis spiritus sanctus)*. Zugleich aber ergibt sich aus der Betrachtung dieses Schlusses, analog wie oben bei den andern Personen, das was diesem *terminus* ausschliesslich zukommt, und was daher der Bestimmung seines *characteris hypostatici* zu Grunde gelegt werden muss. Wir haben hier nämlich diesen Schluss: Das Allgemeine schliesst sich durch die Besonderheit zur concreten Subjectivität zusammen. In diesem Schlusse bilden offenbar das Allgemeine und Besondere die Voraussetzungen, es wird also der dritte *terminus* weder wie der erste der Ausgangspunkt seyn

(p. 75), noch auch wie der zweite nur den ersten zu seiner Voraussetzung haben (p. 80), sondern der beide voraussetzende und beide vermittelnde seyn. Die erstere Bestimmung hat nun die Kirche hervorgehoben, indem sie von der *processio* oder *spiratio a patre filioque* spricht, die zweite hat man besonders im Auge gehabt, wenn man den h. Geist als das Band, oder als die verbindende Liebe zwischen dem Vater und dem Sohne bezeichnet hat. Wir sehen also auch darin, dass dem h. Geiste die *aseitas* wie die *filiatio* abgesprochen wird, die ganz richtige Begriffsbestimmung zu Grunde liegen. Als die Einheit der beiden anderen ist dieser *terminus* der l e t z t e, in welchem daher der Schluss des göttlichen Lebens vollendet ist. Demselben Sprachgebrauche gemäss, nach welchem die Conclusion des Schlusses auch wohl der Schluss genannt wird, wird dieser Terminus als der G e i s t bezeichnet, d. h. mit demselben Namen, welcher, wie wir sogleich sehen werden, dem ganzen (Grund-) Schlusse des göttlichen Selbstbewusstseyns zukommt. Weil erst mit diesem dritten Momente Gott wirklich Geist ist, deswegen wird es selbst *par excellence* Geist genannt. Ist nun aber, wie wir gesagt haben, der Geist das Band, welches den Vater mit dem Sohne verbindet, ist dieser ferner, wie wir gesehen haben, die Menschheit oder die Gemeinde, so wird gesagt werden müssen, dass der Geist nichts Andres ist als Gott in der Gemeinde seyend. Der Geist als dieses ist der h e i l i g e G e i s t. Auch hier muss aber darauf hingewiesen werden, dass da bisher wir noch zu keinem andern Begriffe der Menschheit oder Ge-

meinde gekommen sind, als zu der Menschheit als
Moment Gottes, oder der ewigen Gemeinde in Gott,
auch dieser Satz zunächst nur so verstanden werden kann: Gott ist nur heiliger Geist, indem er als
der Geist in der ewigen Gemeinde waltet, ohne sie
ist Gott nicht heiliger Geist. Wie sich zu der ewigen
Gemeinde die zeitliche Menschheit verhalte, wissen
wir bis itzt nicht. Zunächst haben wir sie deswegen
als verschiedene gelten zu lassen. Diese Unterscheidung macht die Religionslehre auch, indem sie, ohne
dass sie versuchte diesen scheinbaren Widerspruch zu
lösen, bald von dem h. Geiste spricht als von einer
ewigen und stets wirkenden Macht, bald wieder das
Kommen des h. Geistes als etwas in einer bestimmten Zeit Geschehendes bezeichnet. Jenes ist er als in
der ewigen Gemeinde, dieses als in der erscheinenden
Gemeinde (der Kirche) wirkend. In diesem letztern
Sinne ist der h. Geist, *actu*, in jener als die reale
Möglichkeit. —

Haben wir bisher (von p. 72 an) den Schluss des
göttlichen Lebens sich entwickeln und verlaufen, und
also den persönlichen Gott gleichsam werden, sehn,
so haben wir itzt das Resultat dieses Werdens schliess-
lich in's Auge zu fassen. Es ist also, wie öfter gesagt, nicht mehr die Gottheit, sondern Gott als Persönlichkeit, nicht mehr die göttliche Substanz, sondern das Göttliche als concrete Subjectivität. Diese
absolute Persönlichkeit bezeichnet nun die Kirchenlehre als den Dreieinigen *(trinunus, Deus unus
et trinus)*, oder manchmal wohl auch mit dem Na-

men der h. Dreieinigkeit *(sancta trinitas)*. Dieser
Ausdruck, welchem der Widerspruch oft zur Last
gelegt worden ist, ist gerade deswegen ein passender
zu nennen. Indem er nämlich die doppelte Zahlbe-
stimmung gibt (die in der That unvereinbar ist) weist
er darauf hin, dass die Kategorie der Zahl hier nicht
hergehört. Je nachdem man verschieden zählt, kann
man, ohne den Gedanken-Inhalt zu verändern, verschiedne Zahlen hervorbringen, welche deutlich zeigen,
dass es $\dot{\alpha}\varrho\iota\vartheta\mu\varrho\grave{\iota}$ $\dot{\alpha}\sigma\acute{\nu}\mu\beta\lambda\eta\tau\sigma\iota$ sind, mit welchen wir hier
zu thun haben. (Man kann, dass in **einer** Substanz
drei Personen seyen, mit demselben Recht Vier-,
Fünf-einigkeit nennen). Das Wesentliche in dieser
Bestimmung ist, dass hier keine *triplicitas*, eben so
wenig eine blosse abstracte Einheit mit sich, sondern
eine wesentliche Vermittlung mit sich selbst gedacht
wird, in welchem eben nicht mehr nur die Gottheit
(nicht die *divina substantia* ist *una et trina*), sondern ein lebendiger persönlicher Gott *(Deus unus et
trinus)* gedacht wird. Gehen wir von dem technischen
kirchlichen Ausdruck ab, so ist das Resultat, zu welchem wir gekommen sind, dieses: **Gott ist der
unendliche Geist**. Hiezu hat sich der unbe-
stimmte Satz, von dem wir am Anfange dieses Abschnittes ausgingen: Gott sei Geistigkeit überhaupt,
näher bestimmt. Wir haben schon oben bei dem
dritten Momente angegeben, warum, was von dem
vollendeten Schlusse gilt, immer wieder vorzugsweise
von jenem dritten Momente prädicirt wird. So kann
es uns nicht wundern, wenn einmal der ganze Gott
Geist genannt wird ($\vartheta\varepsilon\grave{\delta}\varsigma$ $\pi\nu\varepsilon\tilde{\nu}\mu\acute{\alpha}$ $\grave{\varepsilon}\sigma\tau\iota$), und dann

wieder ein Moment in seinem Seyn so bezeichnet wird (als das $\pi\nu\varepsilon\tilde{\nu}\mu\alpha$ $\ddot{\alpha}\gamma\iota o\nu$). Als der Geist hat er zum eigentlichen Elemente seines Seyns das Wissen. Er ist der Wissende. Als der wirklich unendliche hat er den endlichen Geist nicht mehr als ein fremdes sich gegenüber, sondern ist, da das Moment der Endlichkeit in ihm selbst liegt, mit ihm befreundet, so ist er für das Erkennen. Beides zusammen gibt den Begriff, der mit dem Worte Offenbarung bezeichnet wird. Er ist sich offenbar, weil er Wissen, Erkennen ist, er ist Anderem offenbar, weil er für das Wissen ist, oder gewusst wird. Da zu wissen und für das Wissen zu seyn seine Bestimmung ist, sofern er der Geist, so ist es nicht zu verwundern, wenn beides zu einem Prädicate gemacht wird gerade des dritten Momentes in Gott. So wird gesagt, dass Niemand Gott erkenne, als der Geist Gottes, und es wird gleichfalls gesagt, dass der Glaube, die Erkenntniss Gottes, eine Wirkung seines Geistes im Menschen sey.

Als die Vermittelung mit sich selbst ist Gott wirklicher Process. Was wir früher als das Wesen des Geistes vorausgesetzt hatten (p. 6), was wir dann später als die Bestimmung des absoluten Geistes gefunden hatten (p. 63), als das hat sich der absolute Geist itzt vor uns bethätigt. Er ist, als wirkliche Identität Unterschiedner, Bewegung, Leben, aber eine in sich selber zurückgehende Bewegung, daher unendlicher, absoluter Process, der nicht eines Reizes von Aussen bedarf, sondern stets sich anfacht. Dieser Ausdruck: Gott ist Process, wird häufig vom religiösen Standpunkt als einer bezeichnet, der der Würde

Gottes Abbruch thue (p. 63). Allein wenn wir immer
dies festhalten, dass die Prädicate, die dem ganzen
göttlichen Wesen zukommen, häufig zu Prädicaten
des dritten Momentes im Schlusse seines Lebens gemacht werden, so wird doch wenigstens in so weit
auch zurückgeschlossen werden können, dass ein Prädicat, welches die Kirchenlehre diesem dritten Momente gibt, zúm Prädicat des ganzen göttlichen Wesens zu machen, wenigstens keine Ruchlosigkeit ist.
Es scheinen daher, die sich über jenen Ausdruck so
ereifern, ganz zu vergessen, dass die Kirche selbst
das Wesen wenigstens einer göttlichen Person —
processio seyn lässt.

Diese selbe Gedankenbestimmung liegt dem Ausdruck zu Grunde, dass Gott die Liebe sey. Es
wird hierin nicht die Liebe wie eine Eigenschaft angesehn, die Gott habe, sondern sein Wesen selbst
darein gesetzt, die Liebe zu seyn. Da nun Liebe
nichts ist, als das Verhältniss, wo ein Selbst sich in
einem andern Selbst findet, so ist, genau genommen,
der Satz, Gott ist die Liebe, nur zu verstehn, wenn
man Gott als dreieinigen, oder als Process fasst. Auch
hier kann es uns nicht befremden, wenn wiederum
gerade der h. Geist als die Liebe bezeichnet wird,
durch welche das göttliche Wesen sich vermittelt, und
durch welche er in seiner Gemeinde waltet. Darin,
dass er die Liebe ist, liegt nun das enthalten, was
man auch als die Seligkeit Gottes bezeichnet. Diese
besteht überhaupt nicht in der Mangellosigkeit, sondern in dem Process der Befriedigung. Gott ist der
selige in diesem Selbstvermittelungsprocess, den man

auch wohl als das Spiel der Liebe bezeichnet hat, welcher darin besteht, dass Gott **ewig** in sich die Schranke setzt und aufhebt (das Bedürfniss befriedigt). In diesem Process bethätigt er sich als der wirklich **unendliche**; indem seine Unendlichkeit darin besteht, in dem Andern bei sich selbst zu seyn, enthält sie das Moment der Endlichkeit selbst in sich, ist sie **wahre** Unendlichkeit.

Als solcher ist Gott endlich als der **freie** gewusst. Die Freiheit Gottes ist nicht Willkühr, Indeterminirtseyn, denn Gott hat Schranke, Determination in sich, sie ist eben so wenig ein Gezwungenseyn, denn das Determinirende ist er selbst. Ihm kommt deswegen *realiter* die Definition der Freiheit zu, welche Spinoza aufgestellt hat: *Ea res libera dicetur, quae ex sola suae naturae necessitate existit et a se sola ad agendum determinatur.* (Wie Spinoza den wichtigen Begriff der *causa sui* nur formell fasst, eben so fasst er auch diese ganz richtige Definition der Freiheit formell, indem er nicht Ernst damit macht, dass die Freiheit also ein **Determinirt-seyn** in sich schliesse, d. h. es als aufgehobnes Moment enthalte. Er lässt es nicht zum wahren Unterschiede in der *res libera* kommen). Gott ist der freie nur, indem er ewig sich beschränkt und ewig diese Schranke aufhebt.

Dies wären nun die wesentlichen Bestimmungen, zu welchen wir bei der Entwicklung des wahren Gottesbegriffes gekommen sind. Was wir bei dem Ende des ersten Abschnittes als das bezeichnet hatten, was hier zu erwarten sey, das hätten wir hier durch

die weitre Entwicklung des deducirten Begriffes zu
bestätigen gesucht. Wie sich nun die gefundenen Bestimmungen, wie sich namentlich die Bestimmung der
Freiheit weiter bethätigt, bildet den Inhalt des dritten
Abschnittes, in welchem wir zur Lösung unserer eigentlichen Aufgabe aus den vorhergehenden beiden die
Resultate zu ziehn haben (vgl. p. 3.).

III.

Folgerungen und Schluss.

Indem an dem Punkte, zu welchem wir gekommen, der Begriff Gottes vollständig entwickelt ist,
scheint eben diese Vollendung jede weitere Entwicklung unnöthig, ja unmöglich zu machen, so dass wir
ohne einen neuen Anfang nicht zu einem weiteren
Resultate kommen können. Allein näher betrachtet
zeigt sich, dass zwar die Entwicklung in sich vollendet ist, aber eben auch nur in sich, so dass trotz
jener Vollendung die Nothwendigkeit Weiteres zu
denken gegeben ist. Diese aber wird nur Statt finden,
wenn in dem erreichten Resultate ein Widerspruch
latitiren sollte, welcher an das Licht zu bringen, und
durch dessen Auflösung das Folgende zu gewinnen
wäre. Es fragt sich, ob ein solcher zu lösender Widerspruch in dem Resultate unsrer Entwicklung sich
wirklich findet?

Jenes Resultat war, dass Gott absolute Persönlichkeit, dass er unendlicher Process, dass er die Liebe
sey. Dies aber hiess uns nur, dass in ihm das Mo-

ment der Besonderung eben so zu seinem Rechte gekommen sey, wie das der Allgemeinheit, indem er
als die wirkliche Identität beider zu fassen ist. Allein
eigentlich ist dies bisher nur noch postulirt, nicht
realisirt, vielmehr zeigt sich, dass noch etwas geschehen müsse, damit Gott als diese Identität sich
realisire. Bisher ist nämlich das Moment der Besonderheit, ob es gleich nicht fehlt, doch auch noch
nicht so zu seinem Rechte gekommen, wie es nach
unsrer Entwicklung sollte. Wie haben wir es bisher
erkannt? Als gehalten innerhalb der göttlichen Substanz, als den eben deswegen consubstanziellen Logos
oder Sohn. Nun aber ist doch, wie wir gesehn haben,
die göttliche Substanz nichts Andres, als das
Moment der abstracten Identität mit sich, d. h. der abstracten Allgemeinheit. Also ist bisher das Moment
der Besonderheit zwar hervorgetreten, doch aber nicht
zu seinem vollen Rechte gekommen, indem es immer
von dem Momente der Allgemeinheit gehalten, also
diesem unterthan gewesen ist. Wirklich zu seinem
Rechte wird es erst dann gekommen seyn, wenn es
eben so sehr sich geltend gemacht haben wird, wie
sich bisher das Allgemeine schon geltend gemacht
hatte. In der Selbstvermittelung Gottes hatte sich
das Moment der Allgemeinheit in Gott in extremer
Einseitigkeit geltend gemacht, in dem, was wir die
göttliche Substanz genannt hatten (p. 66), in dieser
extremen Einseitigkeit hatten wir also das Moment
der Allgemeinheit als von dem andern Momente getrennt und frei gesehn. Soll also dieses andre Moment als eben so berechtigt gesetzt werden — und

dies muss es doch, wenn Gott die concrete Identität beider seyn soll, — so wird das Moment der Besonderheit in Gott sich von der allgemeinen göttlichen Substanz so trennen und aus ihr so heraustreten müssen, dass es nicht mehr als in ihr existirend, eben deswegen nicht mehr als das Gott Consubstanzielle erscheint, sondern (wie vorher in der göttlichen Substanz das Moment der Allgemeinheit) für sich subsistire. Dazu wird es aus dem göttlichen Wesen herausgesetzt werden und damit ihm Heterousie zukommen. Das Moment der Besonderheit in Gott nun war das, was wir als Vernünftigkeit, Idee, erkannt hatten, näher bestimmt als das Gott gegenüberstehende war es die Welt, die Natur und der endliche Geist (in Gott) gewesen. Dieses nun muss seyn als das aus Gott Herausgesetzte. — Damit dass es so das Herausgesetzte geworden, hat es, dessen Wesen bis dahin (ideale) Innerlichkeit war, itzt den Charakter der Aeusserlichkeit bekommen; die Formen aber der Aeusserlichkeit sind Zeit und Raum, mit jenem Heraustreten wird daher jene Welt in Gott zur zeitlich räumlichen, d. h. daseyenden Welt. Den Act aber, wodurch sie dies wird, wodurch sie aus Gott herausgesetzt wird (oder sich setzt), nennen wir Schöpfung *(creatio)* derselben.

Von dem gewonnenen Punkte aus haben wir nun zu sehn, was aus dem aufgestellten Begriffe der Schöpfung für diese folgt, und dann, da doch behauptet worden ist, dass der wahre Religionsbegriff in der christlichen Religion verwirklicht sey, zuzusehn, ob und wie diese Folgerungen in dieser gezogen sind.

Die erste Folgerung, welche aus dem Gesagten, so
scheint es, gezogen werden muss, ist, dass die Schöpfung der daseyenden Welt ein nothwendiger Act
Gottes sey, und da man diese Behauptung in unsern
Tagen für das Kennzeichen einer unchristlichen Ansicht zu halten pflegt, so muss zunächst die Frage
beantwortet werden, ob nach dem aufgestellten Begriff
der Schöpfung diese ein Act der Nothwendigkeit oder
Freiheit sey? Diese Frage geht von der Voraussetzung
aus, dass beide sich entgegengesetzt sind. Dies aber
ist unrichtig, ja es ist vielmehr eine gar nicht ohne
die andere zu denken. Die Schöpfung ist ein
Act der Freiheit, eben weil sie ein nothwendiger Act ist. Das Verhältniss ist nämlich
dieses: Indem die Schöpfung nichts ist, als das Ver-
wirklichen eines Momentes in Gott, welches berechtigt ist, muss man sagen, Gott musste die Welt
schaffen. Diese Ansicht liegt der Lehre zu Grunde,
welche die Welt durch einen Abfall von Gott entstehn lässt, so dass diese gleichsam wie eine reife
Frucht sich von Gott ablöst, jedenfalls als sich selbst-
ständig setzend erscheint. Es liegt dabei das richtige
Bewusstseyn zu Grunde, dass Gott zur Schöpfung de-
terminirt war. Andrerseits, indem die Schöpfung
ein Heraussetzen ist, erscheint die Welt als Gesetztes, Unberechtigtes, also hat Gott die Welt
nicht schaffen müssen, sondern nur wollen. Dieses
Moment heben diejenigen hervor, welche sagen, die
Schöpfung hätte wohl auch unterbleiben können. Es
liegt auch hiebei das ganz richtige Bewusstseyn zu
Grunde, dass nichts ausser Gott da war, das ihn

determiniren konnte. Das Wahre ist, dass Gott in der Schöpfung frei war, d. h. dass er die Determination in sich selber hatte, dass er in der Schöpfung nur der Nothwendigkeit seines Wesens folgte. Es ist daher ganz richtig, wenn Leibnitz in der architectonischen oder wenn Andere in der poetischen Thätigkeit des Menschen ein Bild der göttlichen Schöpferkraft sahen; das wahre Kunstwerk entsteht eben so sehr, als es gemacht wird, weil darin der Künstler wahrhaft frei ist. Wenn die religiöse Vorstellung sagt, dass Gott die Welt aus Liebe geschaffen habe, so liegt darin eben, dass er dazu eben sowol bestimmt sey, als sich bestimmt habe. (Man liebt, weil man angezogen wird, und sich hingibt). Dieser letzte Ausdruck ist deswegen so passend, weil er das eigentliche Verhältniss am besten darstellt: Gott hat die Welt aus Liebe, aus Freiheit geschaffen, das heisst, die Liebe, die Freiheit sind der Grund der Schöpfung gewesen. Nun ist aber, wie eine logische Betrachtung dies nachzuweisen hat, Etwas Grund nur, indem es einen Widerspruch in sich enthält. Es fragt sich, ob wir in der Freiheit oder Liebe Gottes ohne Schöpfung einen Widerspruch entdecken können. Diese Entdeckung würde uns zeigen, wie die Liebe Grund der Schöpfung, oder wie die Schöpfung nothwendig ist.

Gott ist die Liebe. In der Liebe besteht sein Wesen, er wäre daher nicht Gott, wenn er nicht die Liebe wäre. Ist nun Liebe nur: Sich in seinem Andern finden und wissen, so wäre Gott ohne sein Andres nicht Gott. Dies Andre Gottes haben wir Welt genannt (p. 83 seq.) und deswegen gesagt, dass Gott ohne Welt nicht Gott wäre. Sobald aber Gott eine Welt hatte, sich in ihr zu wissen, war er Gott, weil Liebe. In dem zweiten Abschnitte unsrer Untersuchung, d. h. ehe wir auf den Begriff der Schöpfung gekommen waren, war von uns die Welt als ein Moment des göttlichen Lebens selbst erkannt. Wir mussten daher Gott als ein Verhältniss erkennen, in dem sich ein Selbst in seinem Andern weiss, d. h. als Liebe. Allein damit, dass sein Andres in ihm selbst ist, ist er nur in sich, d. h. nur innerlich die Liebe. Diesen Mangel nun, dass er die Liebe als nur innerliche, oder dass er nur an sich Liebe ist, diesen hebt die Schöpfung auf. In dieser äussert er sich, und äussert sich so nothwendig, wie das Innere überhaupt nothwendig zum Aeusseren wird. Das Resultat also wäre kurz dieses: Ohne Welt überhaupt wäre Gott nicht Gott, weil nicht Liebe; mit der Welt in sich wäre er zwar Liebe und also Gott, aber nur an sich, nicht als solcher bethätigt; dies ist er nur mit und vermittelst einer Welt ausser ihm. Man hat in neurer Zeit die Unterscheidung, welche bereits bei Leibnitz vorkommt, und deren sich auch Schelling bedient, zwischen metaphysischer und moralischer Nothwendigkeit, auf dieses Verhältniss angewandt, so dass man gesagt hat, nur die Welt in Gott sey metaphysisch nothwendig, die daseyende habe nur moralische Nothwendigkeit, eine Unterscheidung, die man wohl auch so ausgedrückt hat, dass nur jene mit Nothwendigkeit aus dem Wesen Gottes folge, diese dagegen aus seiner Weisheit. Der letztere Ausdruck hat das Schiefe, dass, indem so eine Eigenschaft Gottes von seinem Wesen getrennt wird, Gott in die Reihe der Dinge gestellt wird, die Eigenschaften **haben**, der erstere das Unangemessene, dass bei jener doppelten Nothwendigkeit man leicht versucht wird, die moralische Nothwendigkeit als weniger gesetzmässig, oder weniger determinirend zu nehmen. Hingegen muss Schelling's Wort immer festgehalten werden, dass die moralische Nothwendigkeit nicht minder Nothwendigkeit sey, als etwa die mathematische. Eine Vorstellung der Art, dass Gott wohl auch die Schöpfung ganz hätte unterlassen können, muss als irrig angesehn werden, ja als Gottes unwürdig, weil sie Gott eine Willkühr zuschreibt, welche Leibnitz mit Recht als *nécessité brute* bezeichnet.

Die Frage, ob und wie die Schöpfung der daseyenden Welt etwas Nothwendiges sey, hatten wir also beantwortet. Diese Antwort. enthält nun zugleich die auf eine andre Frage, welche namentlich in religiösem Interesse oft aufgeworfen wird, nämlich wie denn das Verhältniss zu fassen sey zwischen der Schöpfung der daseyenden Welt und dem Setzen des Sohnes Gottes? Es ist bekannt, dass man der neuern Philosophie, namentlich aber Hegeln, den Vorwurf gemacht hat, dass er Beides confundire, so dass, wenn er von einer Uebereinstimmung mit der Kirchenlehre spreche, diese Uebereinstimmung nur scheinbar und durch eine unredliche Accomodation hervorgebracht sey. Es fragt sich, wie ist nach unserer Deduction das Verhältniss zu fassen? Ist wirklich nach derselben der daseyenden Welt die Stelle an-

gewiesen, welche die christliche Religion dem Sohne
Gottes anweist? — Zuerst muss nun hier zugestanden
werden, dass zwischen beiden Begriffen ein wesent-
licher Zusammenhang Statt findet. Einmal so, dass
die Schöpfung nur zu begreifen ist, wenn man das
Moment der Besonderheit in Gott selbst anerkannt hat.
Denn thut man dies nicht, und nimmt Gott als abstracte Einheit mit sich, so geräth man in Pantheismus,
indem man mit Spinoza der Welt alle wahre Realität
abspricht. Diese muss ihr abgesprochen werden, wo
Gott nur als abstracte Einheit mit sich gefasst wird,
weil die Welt dann nicht, ihren Repräsentanten gleichsam, d. h. ihre Berechtigung, in Gott selbst hätte,
also nicht ein absolut Berechtigtes wäre. Diesen Zusammenhang, der also darin besteht, dass die Besonderheit in Gott die *conditio sine qua non* für die
Schöpfung der daseyenden Welt sey, erkennt auch
die Kirchenlehre an, indem sie die Welt durch das
Wort oder vermittelst des Sohnes geschaffen seyn
lässt. Dieser Zusammenhang ist aber zweitens ein
noch engerer, indem das Setzen des Sohnes und das
Schaffen der Welt nicht nur etwa *per accidens* verbunden, sondern beide Acte einen verwandten Inhalt
haben. Reflectiren wir nämlich darauf, worin beide
bestanden hatten, so objicirte sich Gott den Sohn,
aber so, dass dieser innerhalb der göttlichen Substanz
gehalten ward. Das Moment der Besonderheit, welches dadurch in die Gottheit getreten ist, ist dann
zweitens aus der Gottheit herausgesetzt, und der Act
des Heraussetzens war die Schöpfung. Es springt in
die Augen, wie in beiden Acten das *tertium compa-*

rationis darin liegt, dass es das göttliche Object·ist, welches gesetzt wird. Lag nun in dem Object-werden Gottes sein Offenbar-werden, so kann es uns nicht wundern, wenn eben sowol der Sohn als die sichtbare Welt Gottes Offenbarung genannt wird. In der That ist die letztere nur: die Offenbarung in Gott, äusserlich geworden. Würde man nun daraus folgern, der Unterschied zwischen beiden sey keiner, oder doch nur ein sehr geringer, weil ja die Welt nach dieser Ansicht der zwar äusserlich gewordene Logos, aber immer doch dieser sey, so ist mit jenem zwar gerade das angegeben, was den absoluten Unterschied macht. Der Logos ist Sohn Gottes nur als in Gott seyend, ausser Gott seyend ist er nicht mehr Sohn Gottes. (Etwa so wie der vernünftige Mensch wenn er ausser sich ist, eben weil seine Vernunft verrückt ist, nicht mehr vernünftig ist). Also allerdings ist es die Offenbarung Gottes, die gesetzt wird. Allein diese Offenbarung als immanenter Act gesetzt, gibt uns den Begriff der Zeugung des Sohnes, diese Offenbarung herausgesetzt, gibt den Begriff der Schöpfung der Welt. Das Verhältniss haben wir also hier gerade so bestimmt, wie etwa Augustin, wenn er von dem Sohn sagt, er sey der *Alius* Gottes, von der Welt, sie sey das *Aliud* desselben. Ganz eben so bestimmt Hegel das Verhältniss, wenn er zuerst „Gott sich durch seinen Unterschied, der aber hier noch in der reinen Idealität ist, und nicht zur Aeusserlichkeit kommt, mit sich zusammenschliessen und bei sich seyn“, dann aber: „das, was das Andre Gottes war, ohne diese Bestimmung zu haben, diese erhalten“

lässt, oder aber, wenn er einmal von einem „Spiel des Unterscheidens" spricht, „mit dem es kein Ernst ist", dann aber die Welt als „das wesentlich Andere Gottes, die Negation von Gott ausser Gott" bestimmt, oder endlich, wenn er behauptet, dass das Andere Gottes als ein Wirkliches ausser Gott seyn müsse, und dann hinzufügt: „Dieses Andere, als ein Selbstständiges entlassen, ist die Welt überhaupt." (Wenn man dagegen behaupten wollte, dass in den Vorlesungen über Religionsphilosophie die Schöpfungslehre unter der Ueberschrift: das Reich des Sohnes, behandelt sey, so liesse sich dies zum Theil rechtfertigen, zum Theil aber scheint, nach der zweiten Auflage der Hegelschen Vorlesungen sich ans Licht zu stellen, dass die Ueberschriften nicht von Hegel oder wenigstens von ihm kein Gewicht darauf gelegt worden sey). Auch der gnostischen Lehre von der himmlischen und leidenden Sophia scheint, alles die Wahrheit Trübende bei Seite gelassen, eine ähnliche Unterscheidung zu Grunde zu liegen. Die Kirchenlehre fixirt diesen Unterschied bekanntlich so, dass sie die Zeugung des Sohnes der Schöpfung so entgegensetzt, dass in jener Gott aus sich, in dieser aus Nichts hervorbringe *(gignit ex se, creat ex nihilo).* Dieser letztere Ausdruck ist, sofern damit jeder Dualismus ausgeschlossen werden soll, nicht zu tadeln. In andrer Hinsicht scheint er aber nicht passend gewählt, da offenbar die Präposition *ex* in diesen beiden Ausdrücken eine ganz verschiedne Bedeutung hat. Uns würde dieses Verhältniss genauer so ausgedrückt werden müssen: *Gignit ex se in se, creat ex se in nihilum*, oder *in nihilo*. Bei diesem Ausdruck würde das Nichts dem Platonischen οὐκ ὄν im Timäus entsprechen, welches als das ἐν ᾧ γίγνεται bezeichnet wird, gleichsam als der empfangende mütterliche Schooss. Es wäre (und ähnlich scheint auch die Vorstellung Plato's zu seyn) das wohinein, oder worin geschaffen würde, die Form der Aeusserlichkeit, welche für sich genommen freilich Nichts ist. Das Wesentliche bei dieser Unterscheidung ist, dass in der Schöpfung das Moment der Besonderheit (die Welt in Gott, die Natur in Gott), indem es selbsständig wird, aus dem absoluten Seyn heraustritt in das nurrelative, gesetzte Seyn, das für sich genommen Nichts ist.

Die Folgerungen, welche wir bis dahin gezogen haben, haben den Act der Schöpfung *(creatio)* betroffen; sehn wir itzt zu, was aus unsrer Entwicklung für das P r o d u c t dieses Actes *(creatura)* folgt, und wie sich diese Folgerungen in der Lehre der christlichen Religion gestalten:

Die Welt ist e r s t l i c h das Moment der Besonderheit in Gott (also Logos), welches äusserlich geworden ist. Wenn nun jenes Moment ein nothwendiges, berechtigtes war, so wird auch die Welt den Character eines Berechtigten haben. Sie ist deswegen die nicht g e s e t z t e, sondern sich selber setzende Offenbarung Gottes, d. h. ihre Beziehung zu Gott ist nicht sowol ein *creari*, als ein *gigni* oder *nasci*, die Welt ist *n a t u r a*, ein Erzeugniss Gottes, φύσις und nicht κτίσις (vgl. p. 84). Die daseyende Welt i s t Natur, indem sie sich selber dem Schoosse der Gottheit entwunden hat. Weil die Welt dies wirklich ist, deswegen ist die Möglichkeit gesetzt, dass sie nur als dieses genommen wird. So haben wir in der griechischen Religion gesehn, dass der Begriff der Schöpfung fehlt (vgl. p. 8), und es ist nicht mit Unrecht *ex nihilo nil fit* als der Satz festgehalten worden, von dem das Alterthum nie abgewichen sey. Deswegen kann Plato im ganz griechischen Sinne die daseyende Welt als den μονογενὴς bezeichnen. Sie ist es wirklich, denn sie ist daseyender Logos, daseyende Vernünftigkeit. Etwas andres aber ist, ob damit auch alle Bestimmungen gesetzt sind, die sich aus unsrer Entwicklung für die daseyende Welt ergeben? Nein, denn

Die Welt ist zweitens das ausser Gott Seyende, das von ihm heraus Gesetzte. Als dieses ist sie nicht mehr von der göttlichen Substanz gehalten, ist Gott nicht mehr consubstanziell. Ist sie aber dies nicht mehr, so ist ihr Gesetztwerden nicht mehr eines, welches sich auf ihre göttliche Berechtigung (Consubstanzialität) gründet, sondern sie erscheint als ein Unberechtigtes-Gesetztes, sie ist nicht *mundus genitus*, sondern *creatus*, also Geschöpf, *creatura*. Bestand sie als *natura* durch sich, so hat sie als *creatura* ihr Bestehn nur in einem Andern. Hob die griechische Religion nur die eine Bestimmung hervor, dass die Welt φύσις sey, so sehen wir im Judenthum diese zweite Bestimmung hervorgehoben. Die Welt ist hier nur κτίσις. Der Begriff der *Natura* fehlt bei den Juden ganz (vgl. p. 16), die Welt ist ein blosses Machwerk Gottes, was sie bei dem Griechen gar nicht ist.

Nach unsrer Entwicklung müssen wir in beiden Standpunkten Einseitigkeiten erblicken. Adoptiren wir hier einen Ausdruck Marheinecke's, der sich um die Entwicklung des Schöpfungsbegriffes so sehr verdient gemacht hat, so ist die Welt zu fassen als Schöpfung ihrer selbst und als Schöpfung Gottes. Im Griechenthum tritt uns nur die erste, im Judenthum nur die zweite Bestimmung entgegen, die wahrhafte Synthese beider fehlt. Aus unsrer Entwicklung folgt, dass beides zugleich festgehalten werden müsse. Es fragt sich nun, ob dies in der christlichen Religion, wie sie historisch existirt, wirklich der Fall sey, und wie sich diese Lehre in ihr gestalte? da die religiöse Vorstellung alle einzelnen Bestimmungen für sich festhält (daher die Vielheit der Dogmen, in denen sich das eine Dogma zeigt), so kann es uns nicht wundern, wenn uns hier zwei Dogmen entgegentreten. Das Dogma von dem Creatur-seyn der Welt ist das Dogma von der Schöpfung. Es lehrt, dass das Seyn der Welt ein geliehenes, dass sie ein nur Gesetztes ist, das ohne den göttlichen Willen nicht ist, und dessen Existenz daher ganz auf diesen zurückgeführt werden muss. Zugleich aber lehrt die christliche Religion im Dogma von der Erhaltung, dass die Welt als ein Complex von stets befolgten Gesetzen sich stets selbst hervorbringt, nach den ihr innewohnenden Kräften und Gesetzen. Die Erhaltung ist deswegen etwas von der Schöpfung specifisch Verschiedenes. Wenn man die *conservatio* eine *creatio continua* genannt hat, so hat man damit die christliche Lehre auf den Standpunkt des Judenthums zurückzuführen versucht. Nach seiner Lehre ist es allerdings ein neuer Schöpfungsact, wenn Gott den Regentropfen eine runde Gestalt gibt, nach der Lehre von der Erhaltung dagegen erhalten sie diese Gestalt durch die bestehenden Naturgesetze. (Spinoza in seinen früheren Schriften fasst die Erhaltung nur als fortgesetzte Schöpfung ganz dem jüdischen Standpunkte gemäss). Nach jener Lehre zerfällt Alles, sobald Gott seinen schaffenden Odem zurückzieht, weil die Welt als blosse $\varkappa\tau\acute{\iota}\sigma\iota\varsigma$ eigentlich nur ein accidentelles Seyn hat, nach unserer würde zur Vernichtung der Welt ein wahrhafter (Schöpfer-) Act nöthig seyn. Die christliche Religionslehre, indem sie die Erhaltung von der Schöpfung unterscheidet, nimmt also die Welt wirklich so, wie wir gesagt haben, dass sie genommen werden müsse, als $\varkappa\tau\acute{\iota}\sigma\iota\varsigma$ und als $\varphi\acute{\upsilon}\sigma\iota\varsigma$ zugleich.

Nur dadurch, dass die christliche Religion die Welt auch als *natura*, nicht nur als *creatura* nimmt, ist es begreiflich, wie vom religiösen Standpunkte aus nicht alle Naturforschung als etwas Gottloses angesehn wird. Der Naturforscher betrachtet die Welt nur, wie sie sich selber producirt, daher ist ihm ein Recurriren auf den producirenden Willen Gottes ein Flüchten in das *Asylum ignorantiae*. Wäre nach der Lehre der christlichen Religion der Welt gar keine Fähigkeit sich selber zu produciren innewohnend, so würde das Unternehmen einer Naturforschung mit Religiosität unvereinbar seyn. Es würde sich verhalten wie im Judenthum, das keine Naturforschung kennt, weil keine Natur. Itzt aber, da die Welt doch auch sich selber erschafft, muss auch der Religiöse in dem, der sie nur von dieser Seite betrachtet, Einen anerkennen, welcher eine, zwar untergeordnete, aber nicht unberechtigte Seite der Betrachtung geltend macht. Der religiöse Standpunkt ist der höhere gegen den des blossen Naturforschers nicht etwa deswegen, weil er die Welt als Geschöpf ansieht, sondern weil er sie so und zugleich als Natur betrachtet, enthält er jenen andern mit in sich. Als dieser höhere, vornehmere Standpunkt zeigt sich darum der religiöse Standpunkt darin, dass er den Standpunkt des Naturforschers nicht anfeindet. Er steht so hoch, dass er ihm Recht geben kann. Der Naturforscher dagegen, wenn er nur dies seyn will, wird der Sphäre der Religion gar keine Geltung einräumen wollen, weil er nur die eine Seite hervorhebt von dem, was die Religion enthält. Wollen wir uns in den Formeln der religiösen Vorstellung ausdrücken, so werden wir sagen: der Naturforscher ignorirt das Dogma von der Schöpfung, und betrachtet Alles, als gäbe es nur Erhaltung, der religiöse Standpunkt dagegen hält beide Dogmen fest. Indem der Naturforscher in dem Gegenstande seiner Betrachtung nur die daseyende Vernünftigkeit sieht, dass er zugleich Creatur Gottes sey, aber ignorirt, ist er als solcher Naturalist, eine Naturforschung, die nicht naturalistisch verführe, würde ihrem Begriff nicht entsprechen; die Annahme von Wundern z. B., d. h. solchen Ereignissen, in welchen auf sinnliche Weise das Creaturseyn der Welt sich manifestirt, muss sie als Aberglauben verwerfen.

Da die Naturphilosophie oder speculative Physik

nichts Andres seyn kann, als ein Begreifen dessen, womit es die Naturforschung zu thun hat, so folgt daraus, dass auch sie die Welt nur betrachten kann, wie sie daseyende Vernünftigkeit ist. Ob dieselbe ihr Daseyn etwa von einem selbstbewussten Gotte habe, geht sie durchaus Nichts an, eben so wenig wie den Naturforscher als solchen. Die Naturphilosophie, wo sie sich selbst versteht, ist nothwendig naturalistisch, atheistisch, indem für sie der Begriff der Schöpfung nicht existirt. Die Naturphilosophie weiss von Gott so wenig, wie die Mathematik. So wenig man darum dem Mathematiker daraus einen Vorwurf machen wird, wenn er, dass die Differenzen von Quadraten ganzer Zahlen wie die ungeraden Zahlen wachsen, nicht auf den Willen Gottes zurückführt, eben so wenig wird man die Naturphilosophie anklagen dürfen, wenn sie das Wohlgefallen Gottes ignorirt. Auch von ihr wird vernünftiger Weise der Religiöse sagen müssen, sie habe ihr gutes Recht, wenn sie nur von der Natur spricht, wie der Physiolog, und niemals von der Schöpfung Gottes.

Wäre die Philosophie nur Naturphilosophie, so wäre damit auch die Frage beantwortet, auf welche unsre ganze Untersuchung hinzielt, nämlich, wie von philosophischem Standpunkt aus das Universum angesehn werden müsse, ob als Schöpfung Gottes oder, ganz von Gott abgesehn, als daseyende Vernünftigkeit, also als nothwendige Natur? Die Antwort müsste in diesem Falle lauten: Nur als das Letztere. Nun aber ist die Naturphilosophie nur ein Theil der Philosophie, und wir werden nur antworten dürfen: zum

Theil, oder in einem ihrer Theile, muss die Philosophie das Universum allerdings so ansehn. Das Befremdende in dieser Antwort wird verschwinden, wenn wir von da aus, wo wir itzt stehn, zusehn, wie die Betrachtung des Universums sich zum ganzen System des Wissens verhält? In dem System der Wissenschaft kommt die Betrachtung des Universums oder der Welt zweimal vor. (Vorläufig folgern wir hieraus, dass der Name Kosmologie für die Wissenschaft von dem daseyenden Universum deswegen nicht passend gewählt ist, weil darunter, wenn die Kosmologie eine Wissenschaft seyn soll, nur eine Betrachtungsweise des Kosmos, oder nur ein Theil der Wissenschaft, die sich mit dem Kosmos beschäftigt, verstanden werden kann.) Da das System des Wissens oder die Wissenschaft nur zu Stande kommt durch das Wissen, so beginnt sie natürlich damit, dass angefangen wird, gewusst oder gedacht zu werden. Für das einzelne Subject beginnt deswegen die Wissenschaft mit dem Entschlusse sich denkend zu verhalten. In diesem sich denkend Verhalten kommt nun das System der Gedanken, nennen wir es nun Idee, nennen wir es Vernunft, nennen wir es Logos, zu Stande, mit dessen Werden es die Logik als der erste Theil der Wissenschaft zu thun hat, die, weil sie es mit der Vernunft als solcher zu thun hat, die Vernunftwissenschaft κατ' ἐξοχήν, genannt wird, obgleich dieser Ausdruck einen Pleonasmus enthält. Die Logik, weil sie nur das System des Logos hervorzubringen hat, kann natürlich von der Vorstellung Gottes weder ausgehn, noch auch zu

ihr gelangen. Ihr Resultat ist, dass die Vernünftigkeit geworden ist. Ist nun aber Gewordenseyn = Daseyn, und hat das Werden der Idee oder des Logos
nur darin bestanden, dass er sich in sich entwickelt
hat, so wird das eigentliche Resultat seyn, dass die
Idee, indem ihr innerliches Werden aufgehoben,
weil vollendet, ist, äusserlich da ist. Diese
äusserlich daseyende Vernünftigkeit ist die Natur,
und mit ihr hat es der zweite Theil der Philosophie
zu thun, die Naturphilosophie, welche in der
daseyenden Welt nur verwirklichte Vernunft, Nothwendigkeit erkennt. Für sie ist die Natur nur da,
weil sie Daseyn der Vernunft ist, und also da seyn
muss. Die Naturphilosophie zeigt aber, wie der
Widerspruch, welcher darin liegt, dass die, in sich
Process, Leben, Wissen seyende, Idee bloss da sey
und gewusst werde, endlich dazu treibt, die Idee,
als nicht mehr sich äusserliche, sondern als in sich
zurückgekehrte zu denken, und die Vernunft als so
für sich seyende wird in dem dritten Theile der Wissenschaft, der Philosophie des Geistes, betrachtet, in
welcher zunächst der endliche Geist den Gegenstand bildet. Auch hier muss natürlich der Geist nur
betrachtet werden, wie sein Begriff aus dem Begriffe
der Natur resultirt. Vorstellungen, wie die von der
Creatürlichkeit des endlichen Geistes, können hier
durchaus keine Berücksichtigung finden. Befasst man
nun die Natur und die Sphäre des endlichen Geistes
unter dem Namen Welt, so wird also bis dahin die
Lehre von der Welt oder die Kosmologie einen durchaus atheistischen Character haben, in sofern sie die-

selbe als das Höchste betrachtet, und in ihr nur nothwendige Erscheinung der Vernunft erkennt. Sobald
aber die Philosophie gezeigt hat, dass die Wissenschaft auch bei dem endlichen Geiste nicht als bei
dem höchsten stehen bleiben dürfe, sondern sich dazu erheben müsse, Wissenschaft vom absoluten Geiste,
d. h. Religionsphilosophie zu seyn, sobald sie
dann etwa in ähnlicher Weise, wie wir es im zweiten Abschnitt versuchten, gezeigt hat, dass der Logos,
eben so wie die Natur und der endliche Geist, im
Grunde Momente in der Idee des absoluten Geistes
seyen, so wird natürlicher Weise von diesem Punkte
aus der ganze durchlaufene Weg einen ganz andern
Anblick gewähren, wie bis dahin: Ist der Logos als
ein Moment der göttlichen Idee erkannt, so erhellt,
wie auf die berühmt gewordne Frage geantwortet
werden muss, ob die Philosophie mit Gott zu beginnen habe oder nicht? Nein, denn dann müsste der
Fortgang eine Entfernung von ihm seyn, Ja, in sofern als sich am Ende zeigt, dass auch in dem, womit angefangen wurde, ein Moment des göttlichen
Wesens gegeben war. Erst am Ende aber zeigt sich,
dass es der göttliche Logos war, der zu Gott
führte. Es zeigt sich eben so hier am Ende, in wie
fern man mit Recht sagen könne, dass die Logik die
Bedeutung bekomme der (richtiger: eines Theils der)
speculativen Theologie. Am Ende der Logik kann
dies freilich nicht erhellen, wohl aber am Ende der
Geistesphilosophie. Wichtiger als wie am Ende
die Logik angeschaut werden wird, ist für uns di
Frage, wie wird itzt sich die Lehre von der Welt

gestalten? und hier ist es, wo es sich zeigt, wie jene Behauptung gemeint war, dass die Betrachtung der Welt im Systeme des Wissens zweimal vorkommen müsse. Ist nämlich die Welt ein Moment des göttlichen Lebens, so erscheint diejenige Betrachtung, welche sie als ein Absolutes betrachtete (als das Letzte und Höchste), nothwendig als unvollständig, dies aber war die Betrachtungsweise der Naturphilosophie. Die Betrachtungsweise derselben war nicht unrichtig, obgleich sie von hieraus — (rückwärts gelesen nennt dies Göschel. Auch Hinrichs bedient sich eines ähnlichen Ausdrucks) — nothwendig eine andre Bedeutung bekommt. Itzt nämlich erscheint die Natur und der endliche Geist, welche, wenn wir aus der Logik zu ihnen treten, als die Wahrheit erscheinen, als das, was das Unwahre ist gegen den absoluten Geist. Die Kosmologie bekommt deswegen **hier** einen andern Character, und wenn wir vorhin der religiösen Betrachtung vor der **bloss** naturwissenschaftlichen deswegen den Vorzug einräumten, weil sie diese agnoscirt und also mit enthält, so ist die philosophische Betrachtung dieses selben Vorzugs theilhaft, nur dass sie, ihr ganz eigenthümliche, Vorzüge vor der religiösen voraus hat. Wollen wir sie mit der religiösen Betrachtungsweise parallelisiren, so werden wir sagen müssen, dass die Betrachtung der Welt in der Naturphilosophie und Pneumatologie dem Dogma von der Erhaltung correspondire, in der Religionsphilosophie, dem Dogma von der Schöpfung und Erhaltung. (Natürlich macht ein solches Parallelisiren nur Anspruch darauf, für den religiösen Standpunkt eine Beruhi-

gung, für den wissenschaftlichen ein Gleichniss zu
seyn).

Eben deswegen aber, weil das Universum in den
verschiednen Theilen der Philosophie eine so verschiedne Bedeutung erhält, eben deswegen kann auch
nicht genug darauf gedrungen werden, dass beide Gebiete von einander gesondert und streng aus einander
gehalten werden. Geschieht dies nicht, so muss nothwendig eine Confusion die Folge seyn, bei der jedes
Gebiet verunreinigt wird. Es sey erlaubt, zum Schluss
darauf hinzuweisen, wie diese Vermischung zweier
verschiedner Gebiete sich rächt: Aus einer solchen
Vermischung entsteht einmal das Missverständniss, dass
man, wenn von der logischen Idee zur Natur über-
gegangen wird, dies als die speculative Deduction der
Schöpfung ansieht. Dieser Uebergang hat mit dem
Schöpfungsbegriff gar nichts zu thun, einmal weil kein
Schöpfer da ist, denn das ist die logische Idee nicht,
dann aber, weil auch gar kein eigentlicher U e b e r g a n g
da ist, indem die Natur nur i s t, was die Idee w u r d e.
Mit diesem selben Missverständniss hängt dann ein zwei-
tes zusammen, dass die logische Idee im speculativen
Gebiete dem correspondire, was im religiösen Glauben
Gott der Vater sey. Diejenigen, welche z. B. Hegeln
dies vorwerfen, er habe in der logischen Idee, der
Natur und dem Geiste das gesehn, was die christliche
Religion Trinität nenne, scheinen n u r die Behauptung
von ihm im Auge zu haben, dass die Philosophie denselben Inhalt habe mit der Religion, vergessen aber,
dass er ausdrücklich hinzufügt, dass ausser diesem
Inhalt sie au c h n o c h enthalte das Logische, so wie

das, was die Natur und den endlichen Geist betreffe;
sie scheinen ferner nicht zu wissen, dass wenn er in
den Vorlesungen über Religionsphilosophie Gott in
seiner ewigen Idee an und für sich betrachtet, hier
die ganze Trinität abgehandelt wird. So wenig der
Uebergang von der logischen Idee zur Natur — denn
so muss man sich eigentlich ausdrücken, da nicht die
Idee, sondern wir übergehn — der Schöpfung der
Welt oder gar der Zeugung des Sohnes correspondirt,
eben so wenig die logische Idee dem Begriff der ersten Person im göttlichen Wesen (vgl. p. 82). Wir
brauchen uns bei dem sich daran knüpfenden Irrthum,
dass die Natur im Hegelschen System die Stelle des
Sohnes Gottes vertrete, nicht weiter aufzuhalten, da
das Wahre wie das Unwahre in dieser Behauptung
an vielen Orten unsrer Untersuchung hervorgehoben
worden ist. Alle diese Irrthümer beruhen darauf, dass
nicht erkannt wird, wie die Naturphilosophie nicht
die Vollendung der Philosophie ist, sondern eine
Durchgangssphäre. Entstehen jene Missverständnisse
dadurch, dass man in dieser Mittelsphäre bereits glaubt,
bei dem allendlichen Ziele angelangt zu seyn, so bleiben sie eben so wenig aus, wenn man einen höhern
Standpunkt anticipirend, das was erst s p ä t e r als
richtig sich erweist, bereits früher hervorzuheben be-
müht ist. Ich meine das Hereinziehn des religiösen
oder auch religionsphilosophischen Standpunkts in die
Naturphilosophie. So weit die Naturphilosophie fromm
wird, so weit hört sie auch auf, Philosophie zu seyn.
Nehmen wir eine Naturphilosophie wie die Eschen-
mayers, so zeigt sich dies sehr deutlich. Es versucht

dieselbe das unbedingte Wohlgefallen Gottes als die alleinige Quelle der Schöpfung geltend zu machen. Die Folge davon ist, dass immer, wo die Ableitung schwierig wird, d. h. bei dem Beginn eines jeden neuen Abschnittes, die Darstellung mit der Formel beginnt: Es gefiel Gott wohl u. s. w., wo sich die Darstellung in consequenter Entwicklung bewegt, da vergisst Eschenmayer diese Formel und construirt, ein deutlicher Beweis, wie hier das Wohlgefallen Gottes nur dazu dient, als ein *Deus ex machina*, die Lücken der Construction zu füllen oder zu verbergen. Diese Verunreinigung der Naturphilosophie durch religiöse Vorstellungen zeigt sich in unsern Tagen sehr häufig, theils in dem ängstlichen Bemühen die folgerichtigsten Entwicklungen durch die Versicherung zu unterbrechen, dass man die Welt für ein Product der göttlichen Freiheit ansehe, theils in der Furcht, welchen man vor dem Ausdruck Construction *a priori* hat. Man vergisst aber ganz, dass es hier wie überall geht. Wie die complementären Farben sich hervorrufen, so wird jedes Mal, wo die Naturphilosophie theologisch wird, als ein nothwendiges Correlat eine naturalistische Theologie zum Vorschein kommen; es ist, als wollte der Geist, wo eine extreme Einseitigkeit sich geltend macht, sie durch die entgegengesetzte wenigstens unschädlich machen. Solche Oscillationen treten uns in unsrer Zeit vielfach entgegen, wo man, um nur Eines anzuführen, in eben demselben Maasse, in welchem man das Miraculose im religiösen Gebiete los wird, indem man es in ein blosses *Mirabile* verwandelt, in eben demselben Erscheinungen für wahr hält, ja als n a t ü r l i c h e bezeichnet, die die grössten *Miracula* wären, wenn·sie — existirten. (Dies Beispiel hängt übrigens mit unserm Gegenstande näher zusammen, als es scheint.)

Darauf hinzuweisen, wie nur bei einer strengen Sonderung zweier Gebiete, deren Grenzen nur zu oft unrechtmsäsig überschritten werden, die Titelfrage richtig beantwortet werden kann, und zu dieser Beantwortung einen Beitrag zu geben, ist die Absicht dieser Abhandlung gewesen.